杰弗里·摩尔
管理系列

梯次增长

颠覆性创新时代的商业作战手册

[美] 杰弗里·摩尔（Geoffrey A. Moore）◎著
唐兴通 郑常青◎译

ZONE TO WIN
ORGANIZING TO COMPETE IN AN AGE OF DISRUPTION

图书在版编目（CIP）数据

梯次增长：颠覆性创新时代的商业作战手册/（美）杰弗里·摩尔（Geoffrey A. Moore）著；唐兴通，郑常青译. —北京：机械工业出版社，2020.4（2025.5重印）

（杰弗里·摩尔管理系列）

书名原文：Zone to Win: Organizing to Compete in an Age of Disruption

ISBN 978-7-111-65084-3

I. 梯… II.① 杰… ② 唐… ③ 郑… III. 企业管理–手册 IV. F272-62

中国版本图书馆CIP数据核字（2020）第 043907 号

北京市版权局著作权合同登记　图字：01-2020-0410号。

Geoffrey A. Moore. Zone to Win: Organizing to Compete in an Age of Disruption.
Copyright © 2015 by Geoffrey A. Moore.
Simplified Chinese Translation Copyright © 2020 by China Machine Press.
Simplified Chinese translation rights arranged with Geoffrey A. Moore c/o Levine Greenberg Rostan Literary Agency through Bardon-Chinese Media Agency. This edition is authorized for sale in the Chinese mainland (excluding Hong Kong SAR, Macao SAR and Taiwan).
No part of this book may be reproduced or transmitted in any form or by any means, electronic or mechanical, including photocopying, recording or any information storage and retrieval system, without permission, in writing, from the publisher.
All rights reserved.

本书中文简体字版由 Geoffrey A. Moore c/o Levine Greenberg Rostan Literary Agency 通过 Bardon-Chinese Media Agency 授权机械工业出版社在中国大陆地区（不包括香港、澳门特别行政区及台湾地区）独家出版发行。未经出版者书面许可，不得以任何方式抄袭、复制或节录本书中的任何部分。

梯次增长：颠覆性创新时代的商业作战手册

出版发行：机械工业出版社（北京市西城区百万庄大街22号　邮政编码：100037）

责任编辑：刘新艳

责任校对：殷　虹

印　　刷：北京盛通数码印刷有限公司

版　　次：2025年5月第1版第2次印刷

开　　本：147mm×210mm　1/32

印　　张：6.25

书　　号：ISBN 978-7-111-65084-3

定　　价：79.00元

客服电话：（010）88361066　68326294

版权所有·侵权必究
封底无防伪标均为盗版

FOREWORD | 序

马克·贝尼奥夫
Salesforce 的首席执行官、总裁

2013年,杰弗里在修订他的经典作品《跨越鸿沟》第3版时,咨询我他是否可使用Salesforce的案例来陈述他关于管理学原则的观点,因为此书第1版、第2版案例中的企业很多已不复存在。对于Salesforce的案例可以被新一版《跨越鸿沟》所引用,我虽然感觉很兴奋,但还是如实地告知杰弗里我们的真实处境:在高速发展和业务扩张的同时,企业正努力地保持敏捷和聚焦;Salesforce是客户关系管理平台中的佼佼者,但是我们内部也存在各种力量的冲突,它们正引导着企业沿着不同的路径前进。我们的发展和创新步子很大,但没有很好的办法来平衡和优化既存业务与新投资领域的关系。

杰弗里同意采访我们团队的核心管理人员,以便诊断我们的问题并对症下药。在问症的过程中,他产生了"梯队

管理"的概念，这是非常简单有效的解决冲突、加速业务升级的管理模型。

梯队管理的核心是分拆及竞争，建立独立的梯队，每个梯队拥有自己的愿景（vision）、价值（value）、方法（method）、障碍（obstacle）和措施（measure），在Salesforce，我们称之为V2MOM。颠覆性创新，即孵化或规模化全新的产品或商机，必须与持续性创新即现有业务的优化区别对待。同样地，营收表现也应该区别对待，利润率由既存业务保证，新产品或业务机会应该获得资助。梯队之间应该平行交互工作，但不是同步联动。

通过从梯队管理的视角观察Salesforce，杰弗里帮助我们在很多方面提升了执行力。随后，在与微软领导者的合作中，杰弗里继续完善梯队管理的相关概念，因为微软有着40年的历史，情况更加复杂。最后，终成本书。

对于任何公司，无论其规模如何，本书都可以作为其全新的作战手册——为未来指明方向，减少惯性带来的误导。启用本作战手册，公司不仅可以在瞬息万变的商业潮流中生存下来，还可以成为成功的颠覆者。

2015年8月

PREFACE | 前言

    本书是关于颠覆性技术如何影响企业战略、公司估值系列丛书的第七本，也可能是最后一本，如果运气足够好的话。此系列丛书从1990年出版的《跨越鸿沟》开始，该书指出初创企业该如何从早期市场跨越到主流市场。该书的观点经得起时间的考验，全球总销量超过百万册，第3版在2014年发布，加入很多新的案例。

    在《跨越鸿沟》之后，1995年《龙卷风暴》正式面市。该书指出赢家通吃的时代已经过去了，当颠覆性技术足够成熟时，必然要取代上一代赢家。1998年，我与汤姆·基波拉、保罗·约翰逊合著了《猩猩游戏》，该书重点关注飓风动态对企业估值的影响。该书发行时，正值第一代互联网经济的爆发时代，我的同事保罗·维费尔斯称之为大幸福时代，该时代终结于2001年。

伴随着第一代互联网经济的爆发,我的主要咨询工作也从初创企业转向了既存企业(颠覆下幸存的企业)。这决定了我的研究视角从颠覆者转变到被颠覆者,同时也带来三本被颠覆者视角下的书:《断层地带》《公司进化论:伟大的企业如何持续创新》《换轨策略》。这一系列专著提供了颠覆性挑战背景下企业的管理框架,以及与颠覆性创新共处的战略。但这一系列专著并未从组织架构和执行层面提供指导。

本书的任务便是提供具体指导。在 Salesforce 和微软的咨询中,我得到了很多启示。我接触到它们最成功的团队及领导,它们总是能正确地做正确的事。与其他高科技领域的事物一样,一切都还在发展中,但已经是时候和大家分享这些启示了。

本书提供了指导性的方法,是本作战手册,为既存企业提供身处颠覆时期的组织、管理指导。其核心思想是将企业分为四个独立运作的梯队进行管理。基于此,本书提供了两种策略:一是"梯次进攻"策略,主要帮助管理团队在上线新业务时做出资源分配决策。二是"梯次防御"策略,主要帮助管理团队组织资源回击颠覆者的袭击。此外，四个梯队的协同必然需要"梯队管理"策略，该策略可以保证企业保持在最佳状态，特别是在面对可以改变世界的颠覆性创新的时候。

目录 | CONTENTS

序
前言

第 1 章 | 优先事务的冲突　001
赶上下一波浪潮　004
应对下一波浪潮　015
全新的作战手册　023

第 2 章 | 四个梯队　027
业绩梯队　035
产能梯队　038
孵化梯队　039
转化梯队　041
梯队管理　044

第 3 章 | **业绩梯队**   053

治理   059
业绩梯队的进攻   060
业绩梯队的防御   063
错误及纠正   067
小结   072

第 4 章 | **产能梯队**   075

管理停产项目：全新的中央资助
  共享服务   083
治理   085
产能梯队的进攻   088
产能梯队的防御   090
六大杠杆   092
错误及纠正   095
小结   098

第 5 章 | **孵化梯队**   101

治理   106
孵化梯队的进攻   110
孵化梯队的防御   114

错误及纠正 116
小结 120

第 6 章 | 转化梯队 121
治理 124
转化梯队的进攻 125
转化梯队的防御 134
错误及纠正 139
小结 141

第 7 章 | 部署梯队管理 145
小结 153

第 8 章 | Salesforce 与微软的梯队策略 155
梯次进攻：Salesforce 的案例 158
梯次防御：微软的案例 171
小结 186

致谢 188

第 1 章

优先事务的冲突

ZONE TO WIN

第 1 章　优先事务的冲突

现代商业为何如此特别？一言以蔽之：速度＋颠覆。无论是新产品层出不穷的高科技领域，还是科技产品消费的其他行业，新技术浪潮一波又一波，不断地改变着商业的原有特征。这一现象为企业提供了以下两条启示：企业如果想成为市场的颠覆者，攻城略地，必须赶上"下一波浪潮"；如果企业的既存业务在市场上处于领导地位，但正面临着各种颠覆的冲击，就必须扮演防御者，阻止下一波浪潮追上你。

企业不管扮演颠覆者还是防御者，都将面临优先事务冲突的考验。它是绝大部分企业最头疼的事，除了那些最优秀的企业。

赶上下一波浪潮

如果你的企业属于高科技行业，或属于其他具有周期性颠覆特征的行业，绝不可一成不变，必须变为成长型企业。如果你的企业不在成长型领域，且锁定目前的市场位置进行优化，那便等于坐以待毙。在操作层面而言，企业必须及时地、切切实实地投入到一个或多个成长型领域。你需要找到下一波浪潮托起企业的大船，并推动你的企业前进。

高增长领域与颠覆性创新直接相关，仅出现在创新技术采用周期的前端。确切地说，当某项新兴技术到达引爆点时，或当某项新兴技术将迅速进入爆发期（如数字化营销、电动汽车、云计算等领域）时，市场将迅速从观望转为参与。市场受到刺激，爆发新的消费浪潮，一般会达到超过20%的增长率，通常持续长达5～7年。但消费浪潮是一次性的，即你要么赶上这一波浪潮，要么安静地等待下一波浪潮的到来。

第 1 章 优先事务的冲突

可以肯定的是,市场的增长不会随着消费高潮的过去而戛然而止,但必定有所缓和。从此以后,在该领域的生命周期中,增长将变成周期性(非持续性)函数,增长主要受细分市场新产品的出现和扩张因素的影响,这些与国内生产总值有关。随着该领域进一步成熟,生态系统逐渐固化到市场领导者身上,它们将获得未来最大的收益。该市场领域的话语权变成了企业实力之争——世界 500 强企业就是这么产生的。

上述市场动态体现在企业股票价格和市场估值上。在持续性增长阶段,投资者会显著拉升市场先动者的股价,其价值通常会达到企业来年预计营收的 10 倍。因为投资者看到浪潮的机会,且明白赶上浪潮的企业将大幅度领先其他企业。相对地,当该领域进入周期性增长阶段,其估值将降低至企业营收的 1~2 倍,投资者重点关注市盈率(该指标更能反映企业在成熟领域的竞争力)。在这种情况下,对该领域所有企业的估值将相对稳定,维持在某个平均值上下震荡。因此,在成熟的市场,哪怕最优秀的企业，也会在市值上苦苦奋斗，分毫不让步，这倒不是因为它们敬业，而是因为企业估值已经算进了股价里。投资者深谙未来风险与收益均衡的道理，不会哄抬或拉低股权的价值。

股价大幅改变的另一方面原因是企业进入某个新兴的增长类市场，并达到一定规模。如，企业营收的10%以上来自该新兴领域，且在可预见的未来会达到15%~20%，投资者将重新估算来自该增长引擎的潜在回报。至少，投资者会在原来的估值模型里加上这些潜在回报因素，当协同效益看起来还不错的时候，甚至还会加上价格溢价。

高科技领域一直是颠覆性创新的震中所在地，请看下面的案例。截至撰写本书之时，过去十年间，纳斯达克市值上涨了148%。同期，甲骨文公司股价增长了229%，易安信增长了92%，微软增长了88%，思爱普增长了70%，思科增长了53%，惠普增长了92%，IBM下降了39%。上述企业的市值都是围绕着某个值上下

第 1 章 优先事务的冲突

震荡,以其在成熟市场的表现为主要指标,哪怕某些企业在这期间很赚钱。相比之下,同期苹果公司的市值增长了 2378%,Salesforce 增长了 1320%,亚马逊增长了 1197%。这些增长与企业在成熟市场的表现不太相关,即个人电脑、客户关系管理系统、电子商务市场。相反,投资者看中苹果公司抓住了三个浪潮:数字音乐、智能电话、平板电脑;看中 Salesforce 抓住了两个浪潮:云计算平台服务及云计算营销自动化;看中亚马逊抓住了基于云计算的服务。

上述投资者视角的核心是:抓住下一波浪潮是企业获得高额回报的唯一渠道。企业的 CEO 和董事会对此了如指掌。他们设计基于股权的薪酬系统刺激企业拼命追逐浪潮,紧密关注增长的机遇;拼命地在资产负债表的营收中挤出现金流投入新兴领域;不惜重金聘请极具智慧的战略专家对企业进行分析,评估并找出最具投资价值的机会;在年度计划中调配大量资源以实现上述目标。企业的 CEO 和董事会都明白:追逐下一波浪潮才是企业最重要的长期优先事务。但有可能会事与愿违吗？

让我们问问表 1-1 中公司的 CEO 吧。

表 1-1　与下一个浪潮失之交臂的企业

Burroughs – Sperry Univac – 霍尼韦尔（Honeywell）

Control Data – MSA – McCormick & Dodge

Cullinet – Cincom – ADR – CA – DEC

Data General – Wang – Prime – Tandem

Daisy – Calma – Valid – 阿波罗（Apollo）– Silicon Graphics

Sun – Atari – Osborne – Commodore – 卡西欧（Casio）

Palm – Sega – WordPerfect – Lotus – Ashton Tate

Borland – Informix – Ingres – Sybase – BEA

Seibel – PowerSoft – Nortel – 朗讯（Lucent）– 3Com

Banyan – Novell – Pacific Bell – Qwest –

America West – Nynex – Bell South – Netscape

MySpace – Inktomi – Ask Jeeves AOL

黑莓（Blackberry）– 摩托罗拉（Motorola）

诺基亚（Nokia）– 索尼（Sony）

我的整个职业生涯都沉浸于技术领域，我可以很负责任地告诉大家，如果你想寻找下一波浪潮，科技领域是最容易的。尽管如此，表 1-1 中的 56 家企业还是失败了。这些企业的名字都如雷贯耳，它们都不是失败者，它们曾经都是赢家，它们的管理团队曾经都是顶尖的团

第1章 优先事务的冲突

队。但是没有一家企业抓住了下一波浪潮,痛失了无数的好机会。

事实证明,若要颠覆他人,企业需要在原有的业务组合上增加全新的业务。从效果上而言,有点类似选择性外科手术——可以自主选择时间进行的手术。正由于其自主性,可自由选择时间和地点,让我们产生错觉——一切尽在掌控之中。不幸的是,真相并非如此。真相是绝大部分企业不停地在这场障碍赛中奔跑,却在成败的节骨眼上退缩了。一般企业都是在自身传统业务遭受挑战时,才开始召唤变革,这时往往已经太迟。

为什么?这中间发生了什么?

在原有的业务组合中增加新业务线会涉及优先事务的冲突。启动新业务很容易,但随着业务的展开,在没有足够资源支撑新业务发展的情况下,企业资源该如何分配呢?这不仅仅涉及数量问题:多少资源保留在原业务体系,多少投放到新业务?这还涉及质量问题:企业对原业务体系创造新价值的期望值多大?对新业务体系所创造价值的期望值呢？这还会涉及政治和权力的问题：是否有勇气挑战原业务体系的短期回报？是否有勇气牺牲眼前利益而寄希望于未来的潜在回报？

　　优先事务冲突的核心是市场资源的争夺问题，包括销售、营销、专业服务、合作伙伴开发。在原有的业务组合上增加新业务线，企业需要极大地提升市场占有率，以便支撑新旧两种业务的需求。事实证明，企业不仅没有足够的资源同时两面作战，且缺乏有效的方式扩大市场容量。原因如下：与原有业务对比，新兴领域的营销、销售、服务、合作伙伴开发都显得进展缓慢。对于新项目而言，潜在客户尚未有投入新业务的预算，毕竟该领域太新了。销售人员必须向目标客户的业务主管展示项目的未来，并说服其冒点险去采用这些新业务，这些林林总总都需要时间。同时，新产品销售也对客户关系提出新的要求（原有的客户关系对于原有的交易合作得非常愉快，客户对于原有的交易做了足够的预算，不太乐意销售人员参与公司的其他业务）。因此，开拓新领域面

第 1 章 优先事务的冲突

临挑战与风险：要么无法获得客户的购买预算，要么客户的预算投给了他人。更加雪上加霜的是，原有的销售团队不擅长将新业务投放市场，他们更加倾向于利用原有的客户关系维持原有业务的销售。

现在，处理此类事情的标准做法是为新兴业务部署全新的销售团队。在开始的时候，这种办法看似很有效，但随着业务的规模越来越大，操作的成本也越来越高。此外，随着新业务不断卷入原有客户群，之前建立起这些客户关系的客户经理开始不愿意继续推进新业务，因为他们更加倾向于维持现状，不希望新业务造成老客户的不稳定。由于上述固有的冲突，推进单一的颠覆性创新走向市场，可以轻松获得10%或更多的市场份额，但很难达到引爆规模的临界点。

同时，这还引发了其他问题：企业的投入过大，但营收下滑，这意味着利润被压缩；易引发投资者的信心不足造成股价下滑，继而令企业受到影响。同时，企业现有的合作伙伴感到焦虑，因为它们依赖原有业务的供应链生存，颠覆性创新让它们感觉生存受到威胁。企业内部原有业务的管理层也感觉受到排挤，表示市场份额受到新业务的蚕食，将无法完成既定目标。当然，他们可以做做姿态，匀出点市场份额给新业务，比如，可怜的10%？

显而易见，阵痛在所难免。一家运营良好的企业，不太可能在维持现有利润及专营权的同时，还能投入大量资金去目标明确、迅速聚焦地发展全新的业务。换而言之，鱼和熊掌不可兼得。不幸的是，这恰恰是战略管理教科书的教程——不要把所有鸡蛋都放在一个篮子里。这听起来很好，但请回头看看前面列举的56家企业。

稍有点经验的人都知道，要求一家企业在保证原有业务及营收的同时，大规模拓展两个或更多新业务，是不太现实的。因为它引发了一连串消极的行为：所有人都为新业务叫好，但还是愿意花时间和精力在已被证明成功的业务上。因此，新业务的投资者迟早要卷包袱走人，而消极的"智者"则在事后吹嘘自己当年的先知。

第 1 章 优先事务的冲突

所以，企业决定押宝未来时，最好只选择一个项目。企业的 CEO 应该具备这样的技能：在为企业选择了"下一件大事"（next big thing）后，向股东、合作伙伴、雇员和整个企业传递它未来的价值。如果有人质疑你把所有鸡蛋放在同一个篮子里，请这样回应他们："我们喜欢每次只下一个蛋，大部分母鸡也是这么干的。"

如果一个企业可以每十年抓住一个"浪潮"，就可以成为世界级顶尖企业。IBM 做到了，美国数字设备公司（Digital Equipment Corporation）失败了；微软做到了，Lotus 和 Novell 失败了。正如我们熟知的故事，乔布斯在十年内抓住了三个"浪潮"。在乔布斯的故事中，CEO 应该学会点什么呢？苹果公司每次只专注于一个新业务。乔布斯虽不太容易共事，但没有人会质疑他在优先事务次序上的策略。他的核心原则是：一个团队只专注于一件事情。乔布斯虽然脾气有点大，但他绝不优柔寡断。

上述 56 家企业的 CEO 虽然个个身怀绝技，但一定不够果断。他们在投资现有业务还是"下一件大事"的问题上摇摆不定。他们往往不会把所有鸡蛋都放在一个篮子里，而是采用广泛平均法（peanut-butter，又称花生酱成本法），为每个可行的颠覆性创新投入相同的资源，却明显向现有业务体系倾斜。对于优先事务，企业的默认决策是广泛平均法，实际上这是最浪费资源的决策，因为它不可能让企业抓住下一波浪潮。即使企业把所有稀缺资源投在一件事情上，也尚未能稳操胜券，更何况广泛投入。

关于优先事务冲突的核心问题已经很清晰：企业必须面对相互冲突的两种目标。一方面，企业需要维持原有的业务体系，以保证企业的生存及商业模式，需要在营收减少的情况下增加盈利，上述56家企业的CEO都能做到这点。另一方面，企业又需要在每十年的周期中找到一个高速增长的领域，上述CEO没有做到这点。

在频繁发生颠覆性创新的领域中，企业要立于不败之地，上述两方面都需要做到。这是高科技企业的CEO都必须面对的。这也就是为什么高科技企业需要全新的

第 1 章 优先事务的冲突

作战手册。那么其他人呢,他们也需要吗?

应对下一波浪潮

除非你是瑞普·凡·温克[一],否则就应该知道颠覆性创新现在不仅仅出现在高科技领域,它们已经全面地向全球经济释放出自己的能量。在媒体、广告、旅行、医疗、零售、自动驾驶、交通等领域,像 Netflix、谷歌、爱彼迎、亚马逊、特斯拉、优步等企业,已经把哥伦比亚广告公司、宏盟媒体、希尔顿、沃尔玛、通用汽车、赫兹租车公司等传统企业远远地抛在了身后。

这一切仅仅是开始。试想一下,现在每个人口袋里都揣着一台 20 世纪 90 年代的超级计算机,还有什么行业可以幸免于未来的大规模重组浪潮呢?在无线网络全球覆盖、信息全球共享的情况下,还有什么老套的业务

[一] 小说人物,一觉睡了 20 年,醒来后与世界脱节。——译者注

流程扛得住一成不变呢？即使颠覆没有直接发生在你所在的行业，你可能独善其身吗？恐怕迟早会卷入这个大漩涡中，所以宜早不宜迟。

这不是关于你是否赶得上下一波浪潮的问题，而是下一波浪潮正在赶上你的问题。因此，你不是在进攻，而是在防御。防御也需要考虑优先事务的问题，纵然灾难来得很慢。以柯达为例，该企业在1993年的时候聘请了摩托罗拉的乔治·费舍，以应付来自数码摄影技术的挑战，但20年后它还是破产了。企业的管理团队和董事会成员20年来从不曾无视数码技术的挑战，但无力扭转局面。你能担保柯达的故事不会在你身上重演吗？

当然，并不是所有故事都是柯达版本。当下一波浪潮赶上你的时候，它的颠覆性取决于它与你的核心业务的距离。你首先需要考虑的问题是颠覆发生在哪个层面，在基础设施、运营模式还是商业模式层面。

用智能手机技术举例吧。如果你从事的是房地产行业，该技术可能不会动摇你的商业模式，甚至无法影响

第 1 章 优先事务的冲突

你的运营模式。你还是可以通过赚取销售佣金维持业务，继续房地产经纪人的业务操作。也就是说，你可以在基础设施内消化掉智能手机技术的影响，并可以利用该技术提高业务员的工作效率和客户体验，但核心业务不受到影响。这和买辆新车的道理一样，需要投入点资金也需要学会驾驶，但这些改变都是可控的，不算什么大事。

但试想一下，如果你从事航空行业，服务高端商务人士，他们依赖智能手机生存，希望使用智能手机订票、办理登机牌、查询航班状态等，如果企业无法提供现代化的手机应用，他们可能就会用脚投票。这意味着企业需要调整运营模式。是的，运营模式的改变需要更新基础设施，但不会动到商业模式的筋骨。企业的投资会逐步从人事、设备、登机口、机场摊位、候机服务、机上服务、登机流程等的建设转移到手机应用开发上。这比简单地提升基础设施显得更具颠覆性，很多主要业务流程的改变需要基础设施的现代化同步升级协调。因此，公司的投资与主要运营工作可能都会被重构，甚至某些会被淘汰。这样做不仅需要高额投资，且投资回报不能立竿见影，更遑论给予正在执行创新的团队基于绩效的补贴。

上述情况不像买辆新车这么简单，更像是搬到新的城市居住，使用新的通勤方式。毫无疑问，原有运营模式的惯性抵抗足够产生优先事务的挑战，但我认为这还不算是真正的危机。道理很简单，你回头看看，上述事情不算真正危及存亡的威胁，你还有足够的时间应付这些挑战，可能经过数年的闪躲犹豫后，还有机会优化自己的运营模式来应付新的颠覆。

现在，请试想一下，如果你从事的是广告行业。你是创意广告方面的佼佼者，大部分营收来自创意广告的投放，包括在电视、广播、纸媒或流行曲排行榜的投放。然而媒体消费已经急剧转向网络数字媒介，从最初的个人电脑和手提电脑，到现在的平板和手机。现在媒体购买已经彻底被谷歌、雅虎、AppNexus 之类的公司所颠覆，甚至后面还有更厉害的角色——基于计算机自动化

第 1 章 优先事务的冲突

算法的媒体投放公司，如 RocketFuel、AudienceScience。你专业的媒体广告采购、整个关系网和生态资源，已被证明失效，你不能再依赖原有的广告投放资源生存。毫无疑问，你或许还可以靠出卖广告创意为生，但这已不再是你原来主要的商业模式。当然，你还是可以通过"旧媒体"的老路子赚点钱，但该局面逐渐无法在原有客户群上继续维持，你无论如何都要想出新的法子来替代它。简而言之，除了改变原有的商业模式，你别无选择。这不再是买辆新车上下班或换个地方住并选择新的通勤方式，而是丢了工作，必须再找一份全新的工作。

商业模式的改变像发生了火车脱轨事故。正如"柯达时刻"一样，媒体很乐意去报道，而其他企业的高管也幸灾乐祸地阅读着这些新闻。这便是被下一波浪潮赶上的终极结局。人们常说，当下一波浪潮赶上了你，你必须学会颠覆自己，必须清醒地认识到，如果有人吃了你的午餐，他也会吃掉你等。知易行难。为了公共安全和确保管理人员的心智正常，我和你分享一个秘密：没有任何一家企业可以理性地改变自己的核心商业模式，从没有过。那些教你如何颠覆自己的东西都是胡扯，是不可能做到的。原因很简单，惯性的动能太大了，它劫持了你的内部系统、客户关系、公司文化、供应链、合作伙伴生态系统、投资人的期望值。当你废止了上述这些东西，你即将面临无米之炊的局面。你所做的一切只能是赶走你目前生意的剩余价值。

那么，如何阻止被下一波浪潮赶上？实际上策略分为两步，第一步，尽快全力采用现代化运营模式，这是首先要做的事，全面将下一代技术应用到你的运营中，至少可以在短期内削弱来自颠覆者的影响。例如，很多大型广告企业都开发了数字化广告购买平台作为内部服务，这为维持甚至扩展现有商业模式的惯性动能赢得时间。然而，这肯定不是永久的解决方案，因为你需要与比你强大的对手竞争。所以，第二步，你需要同时在其他新兴领域找到颠覆性的浪潮，并调整自己的业务线，朝着这个方向出发。拿广告业举例，数字化营销是个难

第 1 章 优先事务的冲突

啃的"骨头",广告企业内部集结了大量创造性能量致力于解决该问题,它们将释放行业巨大的潜能并获得高额回报。它们面临的挑战是找到新的路径表达和货币化自己的才能。迎难而上,引爆需求缺口,是让企业回到竞争舞台的唯一方法。不同的是,广告企业这次不是颠覆别人的商业模式,而是自己的。

当然,会有人提出疑问:企业为什么不一直执行第二步呢?这难道不是企业业务线管理的重点吗?没错,的确如此,企业本应该如此。但让我告诉你,企业事务繁多,问题的根源是优先事务次序的冲突。老式广告业的商业模式,如同大型计算机、企业软件维护协议、操作系统的 OEM 授权、喷墨打印机墨盒、汽车经销商、计程车牌照、奢侈品零售、专利药物、投资银行、风险投资、波尔多一级庄园红酒等行业一样,在过去很长时间里都建立在一定的利润率的基础上,现在逐渐失去了原有的价值。

从投资者的视角来看,一切非常完美:企业目前低投资高收益，像印钞机一样，千万别停止。但是，停止恰恰是企业目前必须要做的，或者说，必须"变革"。企业必须停止这种利益"药瘾"。很不幸，短期内没有足够的刺激让企业停止这种行为。正如前文的讨论，企业成熟的经营有别于增长型经营。前者关注市盈率（P/E ration），后者关注市销率（P/S ratio）。只要企业持续盈利，投资者就会很开心。但当颠覆进入你的行业，新的商业模式要么用同样的价格提供更多的服务，要么以更低的价格提供相同的服务，不管哪种方式，你的利润都会受到巨大冲击。此外，如果你正投入资金将运营模式现代化，并投入资金进行下一代颠覆性产品的开发，那么你的利润将受到双重冲击。但事情就是这么无奈。

无奈不必发生在本季度！

你可以暂时延缓上述情况的发生。你依然拥有很多旧客户，他们依然愿意为你的现有服务买单，而不愿意做未知的尝试。你依然可以在旧果实中榨取更多一点果汁。但有一点可以确认，你的产业每个季度都会受到侵

第1章 优先事务的冲突

蚀且无法挽回,你也将无法赢得更多新客户,但本季度你依然可以勉强度日,持续获取现有的红利,推迟变革的思考。这样不好吗?

欢迎面对优先事务的冲突。如果你选择变革和重塑企业,你可能会与投资者闹翻,搞垮企业的股价,且很有可能将企业置于被恶意收购的危险中。如果你选择坚守原有业务,你就正在有效地变卖自己的公司,但一直假装有个光明的未来。你想成为前者还是后者呢?毫无疑问,你需要一本全新的作战手册。

全新的作战手册

综上所述,无论你是在寻找下一波浪潮去进攻,还是在抵御眼前这一波浪潮的攻击,都涉及战略性业务组合管理的问题,你似乎需要一些帮助。关于颠覆,现有的作战手册似乎都已经失效,它无法帮助我们保住现有的经营权，也不能保证我们在新领域胜出。简而言之，在过去数十年，我们都在践行爱因斯坦关于精神失常的定义：一遍又一遍地做着同样的事情，却期待会有不同的结果。

目前的状况非常极端，传统观点认为，被颠覆性创新所威胁的特营业务正在苟延残喘，但讽刺的是，真相刚刚相反！相比颠覆性的初创公司而言，老牌企业拥有太多优势，包括全球化分布、全球支援系统、品牌认知度、广袤的生态系统、强大的资产负债表、可预测的现金流，这些都是大规模杀伤性武器。老牌企业需要的是一本全新的作战手册，利用好手上的资源并恰当地使用杠杆，即可大获全胜。这是本书余下章节的主要内容。

这本全新的作战手册，我们称之为"梯队管理"。它的核心是把企业分成四个梯队，每个梯队都有自己独特的活力：一梯队保证当前的业绩；二梯队提供产能方案，支撑一梯队的表现；三梯队孵化未来的创新；四梯队负责规模化三梯队的创新。每个梯队按照新的方法运作，

第 1 章　优先事务的冲突

本书的其他章节会进行详述。上述梯队管理法，或有效地帮助企业加载新业务，或有效抵御颠覆性创新的冲击。

相信上述四个梯队的本地作战手册很多人并不陌生，梯队管理并没有太多激进的规则。首先，从经营管理的角度，明确四个梯队的安排，并根据其工作内容追求不同的产出。其次，从操作的角度，操作负责人执行好本梯队的工作要求，并与其他梯队的成员相互协同。

当企业决定奋身投入梯队作战时，不能像青少年踢足球一样。精力充沛的孩子在踢足球的时候，喜欢一窝蜂地追着球跑，每个人都希望射门得分。但真正的商业行为如同专业球赛，讲究团队作战，成功的关键在于懂得排兵布阵、各司其职。梯队作战的道理也是一样，进攻团队和防守团队像踢足球一样，需要全面配合。

梯队管理的基础应当体现在企业的年度计划中，该计划明确企业未来一年的投资组合决策，从而决定四个梯队的具体章程及所资助的提案。一旦某个提案被明确到某个梯队，实际上等于明确了它的评估质量标准，接着便是操作团队的责任——按照质量标准去执行。CEO及管理团队的工作是在四个梯队之间分配资源、协调资金，策划跨梯队协作。所以，首先需要明确企业在追求业绩、生产率、孵化、转化四个方面中具体投入的资源，其次明确每一个方案所隶属的梯队及优先程度，最后明确哪些跨梯队依附关系需要格外加以关注。上述内容其实都不复杂，但其所爆发出来的能量是巨大的。

具体而言，梯队管理需要保证的是：资源分配、投资回报、组织架构、运营节奏、质量标准；而管理绩效则以每个梯队的优先事务及可交付的产品为标准。这是特别有效的杠杆。不幸的是，很多企业只能执行一两个梯队的任务，无法执行四个梯队的任务。如果你能解开优先事务的冲突，并把它们置于不同的梯队，保证其发展空间，它们将释放出巨大的创造力。其实，你手持着打开王国的钥匙，只需要找到合适的锁。

这就是全新作战手册的内容。

第 2 章
四个梯队

ZONE TO WIN

第 2 章　四个梯队

新一代技术来袭时，既存企业将面临新商业模式颠覆的挑战，梯队管理可成为迎战的武器。如前文所述，在新老模式交替之际，我们可选择进攻，扮演颠覆者；也可选择防御，扮演被颠覆者。可以这么认为，成功的防御可保证企业的股价稳定，成功的进攻则可以带来股价的飙升，所以企业的目标是尽快部署进攻。具体而言，即在原有的业务线上部署一项全新的业务；要求该业务的营收超过企业营收的10%，且快速增长。这是终极目标，稍后将讨论如何达成目标。

首先，应该从何处开始呢？战略计划是成功的关键起点，先明确企业的三个不同投资期，再决定其资源分配。投资期的划分由其回报周期决定。

- 第一期：下一个财务年，运营计划集中在投资的增值。
- 第二期：两到三年内，经过干预期明显的负现金流后，运营计划将投资进行稀释。
- 第三期：三到五年内，组建核心的研发力量，运营计划保证投资不被稀释。

上述模型中，只有第一期的回报是可见的，另外两期属于投机性质，寄希望于其未来可转化到第一期。在此背景下，第三期的重心是根据战略计划创建业务组合，而第二期的重心是挑选第三期中的一两项业务转化为第一期。不要奢求所有第三期、第二期中的业务都可以成功地转化到第一期并且规模化。但在未有项目成功地转化到第一期前，企业的市场估值不会大幅飙升。

在非颠覆性领域，由于有序进化、持续创新为主要

第 2 章 四个梯队

特征,故第三期的工作重心在于广泛探索,直接建立新业务的压力不大;通俗点说,一般不需要追赶新浪潮。在此领域下,第二期则需要研发下一代产品,以便支撑第一期的运作,即持续发展重于颠覆性发展,所以短期的稀释是相对低风险的,且长期贡献是可图的。总体来说,第三期的投资是合理且相互紧密联系的,由第一期的产出作为支撑。在第一期投资期间,股价虽然无法飙升,但可以保证平稳及低风险,甚至通过良好的管理向上拱。

但在颠覆性领域,在全新商业模式的攻击下,上述方法失效。尤其是创业公司在资本的支持下进入该领域后,既存企业的情况更是不妙。创业公司轻装上阵,勇往直前,该领域的所有既存企业都会成为被颠覆者。此时,第一期迅速面临改革的压力,压力不是来自竞争对手(它们一直都存在),而是来自颠覆者。比如,柯达很清楚自己的对手不是富士,而是数码摄影技术;《华盛顿邮报》也知道自己的对手不是《纽约时报》,而是数字化媒体。这是种全新的、陌生的博弈，每个既存企业都要进行防御。在巨大的压力下，企业管理层惶恐地寄希望于第三期研发的"下一代技术"，期望可以利用新技术建立新的商业模型。不管新技术源于自主研发还是收购，企业都希望可以迅速加载到第二期，并尽快投放到市场。

但在实操的过程中，上述方法并不可取，因为仓促搭建的第三期产品、技术或团队，不能与既存企业成熟稳重的文化兼容。初创产品无法获得第一期的销售团队的支持，因为企业成熟的销售团队更喜欢销售成熟的产品。此外，第二期的计划正在疯狂地"烧钱"，而第一期的团队却在拼命维持原有的利润。终有一天，企业的财务总监会叫停上述一切，因为企业发现当前最可行的是：从第二期、第三期撤资，通过节流的方式支撑第一期的利润。这样做在短期内把市场的惩罚押后了，但企业面临的风险也被无视了，企业的实力进一步被削弱。最后的结果只能是企业的业务和品牌被无情地边缘化，最后

第 2 章 四个梯队

以宣告维护末代产品失败而告终——可怜的防御者。

上述过程是常态,但不是我们所期待的。所以,避免上述螺旋式下降显得尤其重要。实际上,有个可以扭转当前被颠覆局面的方法,即将自己变成颠覆者,而不是被颠覆者。这是新的作战手册将要阐述的内容。其核心理念非常简单:在颠覆性市场,初创企业的表现一向比既存企业强。为什么?因为它们内部没有矛盾,敌人都在门外。而既存企业却有着非常复杂的方向,不仅仅需要基于自身的经济利益考虑,还需要兼顾股东、客户、伙伴生态等的利益。受这些因素制约,既存企业迷失方向、没有优先事务、表现不佳是理所当然的。

为了更具竞争力,企业需要在管理上从上述情况中解脱出来。企业需要重新配置资源,以便可以在多条战线独立、平行作战。具体而言,即企业需要将精力从"持续性创新"中提取出来,投放到"颠覆性创新"上,前者重点关注现有业务的延伸、提升,后者关注全新的商业和操作模式。同时,企业也需要区分"营收业绩"

活动与"促成型投资"活动,前者的产出建立在后者的孵化结果上。

图 2-1 通过四个梯队的管理活动,阐述了上述两种区分,每个梯队都与一个投资期相关,每个梯队都需要不同的管理和领导方法。

	颠覆性创新	持续性创新
营收业绩	转化梯队 投资期(第二期)	业绩梯队 投资期(第一期)
促成型投资	孵化梯队 投资期(第三期)	产能梯队 投资期(第一期)

图 2-1 四个梯队

在图 2-1 中,持续性创新的一侧是既存企业的核心、企业的运营模型,其投资回报主要在投资期的第一期。这一侧的营收业绩的使命是"扩大营收额度",企业的共享服务中有大量的促成型投资支持它们完成使命。相反,在颠覆性创新一侧,是新兴的业务,它们由第三期中一系列促成型投资进行孵化。在这一侧,快速失败是优势。待时机成熟，企业可选择孵化项目中的某一创新进行规模化，企业管理的主要使命变成增加实质性营收，即起码超过企业主营业务总收入的10%，这也是第二期的挑战。

梯队之间投资期、业绩指标、运营节奏的区别是巨大的，以至于每个梯队都应该遵循自己的作战手册，任何梯队都不可以在其他三个梯队中部署本梯队的战略。同时，为了企业的总体利益，四个梯队需要紧密协同。因此，一本统领全局的作战手册是不可缺少的，在此手册中我们称颠覆为梯次进攻，称被颠覆为梯次防御。

下面就四个梯队展开简单阐述。

业绩梯队

如果从零点开始顺时针走，我们将碰到第一个梯队——业绩梯队。这是既存企业成熟商业模式运营的引擎舱。第一梯队的重心是通过维持既存业务的现状，提高实质性营收业绩。它是一个企业的生产和销售大本营。此梯队的员工以按时、按质、按预算完成每个财务季度的生产并提高营收为使命。该梯队关心的都是运营模式、营收业绩。

如果企业希望在第一期的既存业务中加载新的业务线，启动颠覆性商业模式，业绩梯队将面临巨大的压力。因为业绩梯队本身承担着既存业务营收的责任，且该梯队还需要驱动和规模化孵化梯队的业务转化。这必然造成资源分配、核心人才、竞争性产品、市场混乱等方面问题，企业需要一种创新的管理模式，后面将详述。

相比之下，如果企业的既存业务正遭受来自外部创新经营模式的颠覆，企业必须暂时搁置所有创新理念，迅速调动业绩梯队迎接外部挑战。基本战略是尽快利用新技术（最好是颠覆者正采用的技术）现代化企业的运营模式，激活企业既存的商业模式。在此场景下，企业仍然生产和销售原有的产品，但其运营模式正在迅速重构。

第 2 章 四个梯队

同上,这还是会给业绩梯队带来巨大的压力,同时给企业的营收目标带来风险。因为学习曲线的问题,在此期间产能也会受到影响。

维持业绩梯队的重要性不言而喻。它是企业 90% 的营收来源,且差不多是企业 100% 的利润来源。它的健康主要表现在财务比率、资源分配障碍、业绩指标等方面。投资回报的重心永远在第一期,企业每季度的财务报表中都会公布该数据。

投资人对财务报表的极大关注传递出一种错误的信息——投资人只关注每季度的产出。因此,第一期投资所在的业绩梯队被授予至高无上的地位。赚取利润固然无比重要,但并非神圣不可侵犯。投资人的行为阻碍了企业的变革,阻碍了企业加载全新的业务活动,同时令梯次进攻无法启动,企业注定只能缓慢地收获商誉和品牌影响力。由于营收是业绩梯队的关键使命所在,所以它是四个梯队中唯一需要以业绩为导向进行管理的梯队。

产能梯队

产能梯队管理是以成本为中心的,它是共享服务中的促成型投资的大本营,包括市场营销、中央研发部、技术支持、生产、供应链、客户服务、人力资源、IT、法务、财务和行政管理。简而言之,所有非直接影响实质性营收的行为都属于此梯队。该梯队的工作重点是应用持续创新,形成高产能的方案,为业绩梯队提供支持,保证第一期投资的投资回报率。这些方案将会通过项目、系统部署实施,以保证符合规则、高效运营、效果显著的产出。

产能梯队的常见挑战源于其肩负的三大职能之间的冲突,即规则性、高效率、高效果之间的冲突,因为它们本来并没有主次之分。但在经营模式受到干扰期间,业绩梯队不断地提高对效率、效果的要求,同时还要求规则的支持,挑战自然变得更大。这是来自梯次防御的挑战,当转化梯队要求整个企业将重心转移到下一波浪潮时,挑战将更大;也是来自梯次进攻的挑战,共享服务组织在进攻期间压力变小,从而变得舒服(不能说自满),往往会感到迷惑,不知道应该做什么样的改变。所以,正如戴明所言,"如果你认为没有必要改变,意味着也没有必要生存"。一个企业想在当下获得成功,产能梯队必然需要一本全新的作战手册。

孵化梯队

在颠覆性创新一侧,孵化梯队的作用在于为企业赋能,让企业在尚未获得重大营收的新领域快速增长。孵化梯队的章程只有一个:让企业赶上下一波浪潮。对于第三期投资而言,大规模的投资回报是几年以后的事,当下的营收只要能占企业主营业务的1%~2%即可。即便如此,对于世界500强企业来说,1%或2%也可能是上亿美元的营收,所以,我们也不能把这些业务看成臭鼬业务⊖。

⊖ 指秘密、小范围试用的业务。——译者注

它们只是暂时还没有达到企业运营模式中业绩梯队所要求的产能级别。这也是孵化梯队与业绩梯队需要独立开来的原因。

孵化梯队在进攻和防御情形下的区别巨大。如果进攻，即向转化梯队输送一项（仅一项）孵化的业务，由转化梯队进行规模化，下文将讨论孵化业务的命运。与此同时，孵化中的其他新兴业务需要重新定位并找到出口。孵化业务到达转化的窗口大概需要两到三年时间，但商机稍纵即逝，等不了这么长时间。后面的章节将详细讨论如何找到出口。

相比之下，如果一个企业正在防御，其重心在业绩梯队，那么企业必然要求孵化梯队为业绩梯队提供可以对抗外部颠覆的技术，利用这些技术现代化运营模式。在这种情况下，新研发的技术从主动颠覆他人的手段变成了被动防御他人的手段。刚刚孵化、蹒跚起步的新技术一下子变成了既存业务的附属品，被现有的产品线路图所占用和同化，用于对抗外部颠覆者。至少可以这么说，上述情况并不是孵化梯队的梦想，所以花点时间保护手上的"干货"非常重要。

总而言之，当第一期投资遭遇了干扰，不管进攻还是防御，孵化梯队都逃不开被干扰的命运。所以，上市公司需要全新的方法，以便更好地管理公司内部的投资；更精确地找到强大的孵化技术并投到转化梯队；更好地支持充满压力的业绩梯队，让其更加专注；更好地管理没有规模化的孵化技术。这些也都需要一本全新的作战手册。

转化梯队

转化梯队负责在既存企业内部规模化颠覆性技术。它是企业进攻的主力，目标是快速规模化某项技术，令其成长为稳定、大型、全新的业务线，占企业总营收的10%以上，且其有望成为企业未来发展中主要的营收点和利润点。为此，你必须抓住下一波浪潮，并在其进入快速成长阶段时，投入全部的市场能力进行推广。此举的主要挑战是：该领域尚未被市场大规模验证，当投入业绩梯队的所有资源时，既存业务和收入会受到影响。新业务在达到市场起飞点前，会受到企业内部和外部的对抗。但无论如何，这一步都是要选择的，不能放弃。

在梯次防御时，转化梯队的另外一个目标是：重构企业运营模式中的一到两个业务，以抵御外部的颠覆者。转化梯队需要卷入防御的原因是：业绩梯队的目标就是业绩表现，一直自行其是；管理团队方法固化，依赖现有的生态，与现有的利益网关系错综复杂。经营权是他们亲手建立起来的，你不能要求他们自我废止，但企业必须对上述行为进行调整，因为企业无法永远将颠覆者堵在门外。在梯次防御时，企业 CEO 必须在四个梯队中重设最优先事务，为某个业务大开绿灯，直到新的业务壁垒建立起来，经营权稳定下来。

第 2 章 四个梯队

转化梯队的所有努力，其投资回报都放在第二期中。这意味着不管进攻还是防御的转化方案，其发展轨迹均呈"J形曲线"趋势，即业绩指标先挫后扬。这样的轨迹不可避免，因为涉及商业模式层面的变革，不可避免地需要重构运营模式，进而不可避免地需要重建基础设置。总之，这带来了巨大的变革-管理问题。"J形曲线"不太容易管理，特别是在上市公司，投资者已经习惯了运作良好的业务稳定增长、业务有稳定利润的模式。这给业绩梯队的运营模式带来极大的痛苦，它一方面要完成持续增长的使命，另一方面又要完成重大创新的同化。阵痛在所难免，如果企业CEO无法控制转化的局面，所有的赌注将在终点前输得精光。

综上所述，转化的时候，旧式管理智慧不仅仅是错误的，而且是毁灭性的。业绩梯队强行推进新的商业模式，或者在现有的运营模式上加载新的期限，都是非比寻常的行为。因此，操作四个梯队必然需要全新的四本作战手册，这是最需要审视的地方。

梯队管理

从上述四个梯队的简单阐述，我们不难发现它们有着自己的目标和宗旨，方法也多式多样，在一个梯队获得成功的管理办法可能会造成其他三个梯队的失败，故一定要将它们分而治之。同时，四个梯队又必须协同一致，保证企业继续往前走。一个成功的"分而治之"策略如下。

- 业绩梯队是企业高层的关注点，以稳健为重点，反对冒进的领导。企业 CEO 应该更多参与业绩梯队的管理，根据既定目标执行年度运营计划，重点关注执行力指标，而企业的其他业务应该居于二线。业绩梯队的目标是高效率、低风险。因为它是营收引擎。
- 产能梯队的重点是效能，为业绩梯队的运营提供帮助。它的初衷是从非核心业务（我们称之为"上

第 2 章 四个梯队

下游业务")中提取资源,加大核心业务的投入,或者为下游业务注资。它是盈利引擎。如果业绩梯队的工作是打造最高收入的业务,那么产能梯队即为帮助最低收入的业务。两个梯队必须携手共进。

- 孵化梯队必须在指定时间内完成指定的任务。每个投资的项目都必须有清晰的潜能,可抓住下一波浪潮,资源不能浪费在无法规模化的"有意思"的项目上。在此梯队,并购活动活跃,因为并购是将下一代技术团队收入囊中的手段。在某些时间节点上,并购行为可能是传递出准备规模化某个业务的信号。孵化梯队是开展进攻的候选技术库,同时,在任何遭遇颠覆者攻击的时候,孵化梯队也是展开防御的应急措施库。

- 由于转化的成本高、风险大且耗费精力,因此在大多数年份,企业的转化梯队都是空置的。这其实是非常不错的局面,因为这意味着企业依然有不错的生产力,尚能相对低风险地获得不错的回报。请记住,哪怕要做到世界级别的企业,你也只需要每十年找到一个成功的转化方案。由于转化大多需要三年的阵痛期,因此你需要足够的时间等待收获和重建经验。

当转化梯队被激活,并将方案投入到梯次进攻时,整个企业即进入红色预警状态。企业CEO必须亲手紧握船舵,保证方向的正确性。此时,企业需要强势的领导审慎地管理,为未来负责。企业只能投一个单品进入跑道,其他具备潜能的机会先握在手上。整个执行团队必须围绕着新品转,直到这个全新业务的营收达到临界点,即占企业总营收的10%以上。任何人不得拒绝此项活动。

同样地,如果企业遭遇了颠覆性攻击,需要某个梯队进行防御,转化梯队必须义无反顾。同时,整个企业进入预警状态,所有力量集中在现代化现有的运营手段,

第 2 章 四个梯队

直到满足新时代的要求。在此期间,不要尝试部署梯次进攻,因为没有足够的资源双线作战,对于既存企业而言,保护核心业务是第一要务。

总而言之,四个梯队需要协同、和谐作战。在稳定期间,转化梯队暂时不活跃,在产能梯队的支持下,业绩梯队支撑整个运作,并为孵化梯队铺平道路——为下一次转化储备相关资源。在梯次进攻期间,转化梯队处在首位,主宰一切,业绩梯队排第二,产能梯队排第三,孵化梯队排最后。在梯次防御期间,上述次序同样有效,区别在于:防御的时候,重心是保护既存业务不受冲击;攻击的时候,重心是加载新业务。不管进攻还是防御,企业都处在巨大压力下,每个梯队的工作人员每天早上醒来都应该问问自己"今天我可以做点什么加速转化方案的实施",这不仅仅是利他主义,同样会减少自己的阵痛。

看起来很美好,但是历史从不缺乏悲剧。这中间发生了什么呢?如果按照传统的管理作战手册,管理团队一般会出现以下典型错误。

- 业绩梯队负担过重。投资者每个季度都认真审查财务报表，且管理团队的激励方案也往往与业绩表现相关。在此情况下，企业会在业绩梯队投入过多资源。在转化方案没有出现的情况下，这么做无可厚非。如果出现了转化方案，企业必须把重心转移到转化梯队，而业绩梯队可以维持目前的方向和节奏就值得肯定。
- 产能梯队过于松懈。在大多数情况下，这个梯队的方案往往不是颠覆性的，也不是核心任务，很容易迷失方向、安于现状。由于缺乏变革型的方案，产能梯队的松懈带来的损失可能也仅仅是每股盈余的几百个基点。但是一旦有变革性方案上马，管理团队就可能将担子压给业绩梯队，这样一来，只有依靠方案的超常发挥才能成功。如果产能梯队不能调动起来，就像没有唤醒动力一样。
- 孵化梯队被错误定位成转化梯队。过去一半的投资组合管理都会犯这个错误。由于担心无法抓住

第 2 章 四个梯队

下一波浪潮，企业过分关注孵化梯队的产出，寄希望于尽快产出一个撒手锏级别的产品。这简直是异想天开。在通往成功的路上，需要做出更大的舍弃，此类事务只能由转化梯队来做才可能成功。

- 无法部署转化梯队。这是另一半投资组合管理会犯的错误。面临多个变革选择，企业的管理战略往往会为每一个变革方案配置一个高级管理人员，但没有任何一个具体方案直接由 CEO 负责。随之而来的是资源的争夺，导致没有任何一个提案获得优先、拥有足够多的资源去成功。最后的结果是边缘化这些方案，因为它们要么不入投资人的眼，要么太庞大而不能实施。经过漫长的黄昏和等待，这些方案被硬塞进既存业务，最后慢慢被同化吸收，消失殆尽。正如托马斯·斯特尔那斯·艾略特⊖所言，所有的一切结束时，"没有一声巨响，只有一声抽泣"。

⊖ 著名诗人、文学评论家。——译者注

- 否认颠覆性攻击的存在。一些老牌的成功企业在面临挑战时，很容易因为资格老而轻敌，无视新贵的力量，最后一败涂地，如美国图书销售巨头Borders对阵亚马逊，诺基亚对阵苹果公司，雅虎对阵谷歌等案例。当这些新贵积累了越来越多的资源时，它们逐渐在地位上挑战老牌企业，老牌企业需要做出某些回应。在这种情况下，现行的管理作战手册会安排保守派占据核心管理位置并抗战到底，但是经验告诉我们，实际上在这种条件下，老牌企业无法做出正确、有效的回应。

总之，当面临颠覆性技术的挑战时，是机遇还是威胁呢？现行的作战手册不能很好地回答管理人员这个问题。为了矫正这个局面，以下三点必须做到。

（1）部署新的管理模型，严格分开四个梯队，尤其不能让业绩梯队的方法、指标或文化渗透到孵化梯队和转化梯队的管理中。

（2）在每个梯队独立组建和实施最好的实践（包括如何与其他三个梯队对接）。这需要明确哪个产出和提案属于哪个梯队管辖，并根据各自的目标、目的、方法、指标和管理模型进行调整。

（3）部署一个轻量级的系统，平行监督四个梯队。由于四个梯队相互独立，具体工作应由各个梯队独立完成，但是年度计划、资源分配、季度报告等需要跨梯队管理。

新的作战手册围绕上述三个"当务之急"展开，下文将详述。后面四章分别介绍每个梯队的管理框架，接着像《高尔夫》杂志的"错误及纠正"页一样，重点介绍一些常见的错误及如何发现错误。实际上，每章都为一个梯队的运作提供了作战手册，为管理团队指出了最大可能的产出和协同效应。

接着，我们将退一步反思如何对四个梯队进行最佳的协同管理，因为管理团队会面临我们讨论的三种颠覆场景——无颠覆（一半时间）、利用颠覆性技术主动进攻

（梯次进攻）、被动防御颠覆性进攻（梯次防御）。这里会增加一讲，陈述如何在年度计划中部署梯队管理，最后梯队制胜。最后进行两个案例分析，一个是Salesforce的进攻案例，另外一个是微软的防御案例。

  然后，就看你的了！

第 3 章
业绩梯队

ZONE TO WIN

第 3 章 业绩梯队

实际上,业绩梯队几乎贡献了企业的所有营收及超过 100% 的利润。它由多个业务线组合构成,每个业务线都有坚实的基础。整体营收增长一般呈循环状,在成熟领域一般围绕着 3%~4% 震荡,在新兴领域相对更高一点。在某些行业,市场份额相对稳定,由一众相互竞争的企业瓜分,它们一般都是同时代的企业;与此同时,颠覆的潜在威胁一直存在;这样的领域我们可以认为其具备进化的特征,而不具备革命的特征。例如,内燃机汽车、快餐餐厅、工业设备厂、管理咨询公司、医院诊所、保险等。

打个比方，好像处在"主街"㊀，没有早期市场实验，没有鸿沟需要跨越；可能有些小众市场开发计划可以争取到小规模增长，但不会出现市场风暴需要企业做大量长期的投入。主街是全球商业的聚集地，提供大量的就业机会及税收。它的健康就是我们的健康，它的格言是"Steady as she goes"㊁。此时，企业管理的目标是在稳定的情况下扩大效益，维护公平的竞争机制，彻底清除不良的市场行为，优化当前的方法，投入足够资金维持现有业务。

主街的战略相对简单，要么优先卓越的运营，要么优先用户关系，产品反而排在第三位。这是个足够完善的市场，企业要么取悦用户，要么亮出低价。不管怎么选择，执行力是主要挑战，这也是绩效矩阵所要求的。

绩效矩阵是经过优化的组织模型，用于单一共享市场结构中既存业务组合的管理。它将执行力分成纵横交错的矩阵，横向代表不同的业务线，这些业务线的规模必须足够大；纵向代表不同的市场分支，即企业所销售

㊀ 相对华尔街而言，指普通民众参与的商品零售街。——译者注
㊁ 这是航海术语，指把好船舵，平稳航行。——译者注

第 3 章 业绩梯队

的产品或服务,同样也是足够大规模的。这里的"规模"指大于企业总营收的10%,10%是审计中重要性原则的基准,用来保证矩阵的效率和效果。利用这个标准,一个典型的绩效矩阵往往由三到六行、三到六列组成。

图 3-1 便是某 B2B 企业的直接销售效果的典型表达矩阵。

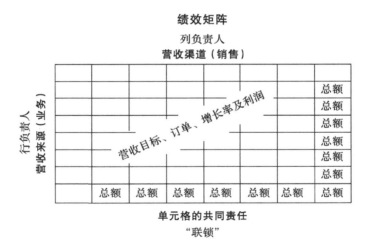

图 3-1 某 B2B 企业的直接销售效果的典型表达矩阵

从图 3-1 可以看出,每行和每列分别表示不同的业务及销售,而每个单元格分别代表其业绩。单元格的业绩可通过订单、营收、利润来体现，同时可兼顾体现市场份额的流失及增长、客户的满意度等。在单元格中，矩阵中由行所主导的项目的重点是——按时、按质、按成本提供产品或服务；矩阵中由列所主导的项目的重点是——建立高质量的销售渠道，保证销售的规模、收益率和市场占有率。总之，绩效矩阵是一个数据驱动的事物：通过绩效矩阵控制运营节奏。

运营节奏根据年度运营计划制定，细分到每个季度，并提供季度业务报告。该报告重点体现年度计划背后的重大问题，关键是搞清楚企业到底是按照目前的方向加码前进，还是要改变方向。方向改变可以分为三种，为方便记忆，我们称之为马、骑手、路径，即如果你发现目前的计划需要改变，你需要考虑是换马（产品或服务）、换骑手（表现不佳的管理人员）还是换路径（目标市场）。大部分的计划和组织每年能容忍一种改变，很少能忍受两种改变。

企业由于缺乏吸收改变的弹性，所以把表现不佳的业务消灭在萌芽状态显得异常重要。为此，企业需要每月认真审查绩效矩阵，根据其红、黄、绿的表现，找到问题所在。这样做就会形成企业内部管理每周一议的工作文化。这些会议的会议记录高度真实，反映了目前进程的真实情况。这样，就能根据当下的情况发现问题所在。在业绩压力下，计划往往会执行不到位，但是在每周一议的文化下，不会出现超过一周执行不到位的情况。

治　理

从治理的角度而言，绩效矩阵模型中除了最底行及最右列（标注为"总额"）外，其他所有单元格都由所在行的负责人与所在列的负责人共同承担业绩责任。共同责任在年度计划中制定，两个负责人必须共同商议并制定自己的业绩指标，最后报财务总监、执行总监和董事会审批。

设定绩效矩阵的规模是个挑战。生产线和区域销售都不乐意成为矩阵中的次级项目,但在现实中,由于无法得到足够的支持,它们安于次级项目的位置,但它们应该主动寻求其他出路。如果它们希望在近期投身爆发增长点,那么应该将自身定位成孵化梯队,因为这样可获得更高级的直接支持,能够在瞬息万变的市场中获得更多的变现能力——抓住下一波浪潮。它们如果希望获得周期性增长,就应该联合其他子项目市场的力量,并形成足够大的规模。如果无限期维持子项目的地位,将是种失败。

业绩梯队的进攻

梯次进攻的目标是在业绩矩阵中增加新的一行(即新的业务)。这是由转化梯队发起的,但主要工作是由绩效矩阵完成的,下面详述。

任何新兴起的业务都有一定的窗口期(一般不超过

第 3 章 业绩梯队

三年）来进行规模化。这段时间，业绩梯队还在执行其一贯的目标——保证营收额，但终有一刻，企业发现无法同时兼顾两个重大任务，大部分企业在这个时候会迷失方向。到了该选择的时候，很多企业往往会选择保证营收额，这是完全错误的。

正确的选择应该是把变革放在前面，原因如下。

- 抓住下一个颠覆性创新的时间节点要求很高，历史没有重演的机会。
- 变革是短期的，如获成功，将可取代目前表现不佳的业绩梯队，在未来获得巨大回报。
- 保证营收还是首要目标，仅次于变革本身，应该优先于企业的其他业务。如果营收减少是定局，也要保证不会大规模失收。

如果有产能梯队的大力支持，保证营收还是有机会的，只是需要更多的创造力、更多付出。

关于上述情形，可以做这样的类比：一个专业的体育组织支持一支新队伍的建设，虽然最后组织中的每个人都会因为新队伍而获益，但是短期而言，目前每个队都需要分拨现有的资源到新队伍上。从绩效矩阵的视角而言，这等同于毫不犹豫地部署转化项目，甚至不管目前业务所倚重的人才需要重新调整。更加令人难以接受的是，新业务短期内只能作为业绩矩阵的次级项目，其营收无法与成熟市场相提并论。更有甚者，在产能梯队资源分配的问题上，业绩矩阵的负责人还需要对孵化梯队言听计从，哪怕资源的调整会对营收造成影响。

既存企业部署进攻的一个重要杠杆是专业的服务组织优势，该杠杆可优先帮助转化梯队部署项目。这种迅速规模化产品的优势是初创企业梦寐以求的。该优势的核心是在加速规模化的过程中，不会受到绩效矩阵的营收压力的影响。没错，绩效很重要，但转化更加重要，转化压倒一切。

标准化运营流程经过上述调整后，在转化期间调整绩效矩阵的考核指标（使之与企业新的优先次序相符）尤其重要。对于现有的矩阵单元格，这意味着需要调整考核指标，增加业绩梯队的压力。对于矩阵的新单元格，需要设定新的考核指标，重点考察新领域快速增长的营收、稳定提高的利润及持续增长的市场份额。管理性质目标不同的单元格是件非常棘手的事情，所以引领转化的过程需要企业 CEO 的积极参与。但如果考核指标清晰、一致、公平，业绩梯队的组织架构将会出色地完成任务。

业绩梯队的防御

梯次进攻的关键是要求企业本身是颠覆者，裹挟着下一波技术浪潮，并在企业原有的业务组合上部署新的盈利引擎，以及市场估价大幅增长。这是转化梯队成功的巨大回报。但试想一下，如果你不是颠覆者，而是被颠覆者呢？换句话说，你将如何部署防御？

梯次防御的第一原则是，你不能颠覆自己。作为既存企业，你的第一财富是原有客户群的巨大势能；第二财富是合作伙伴的生态系统，它们在发展的过程中会为你的企业增值。这是企业巨大的财富，也是颠覆者垂涎三尺的资源，你不能放弃这些财富，更不能破坏对这些财富的信念。如果有顾问人员建议你颠覆自己，让他们滚远点。成功的颠覆者是颠覆别人的生意，而不是自己的。

梯次防御的第二原则是，企业研发创新的重点在于中和，而不是差异化。这和颠覆者的战略是完全相反的，颠覆者为了撬走你的客户群，必须提供差异化的产品或服务。作为防御者，你不能这么干。你是客户的首要选择，是"现任"，拥有用户的惯性选择优势，你只需要及时回应颠覆者的挑战，而不是像鸵鸟一样，把头深深地埋进沙子。

特别需要注意的是，你必须采用某些颠覆者的创新，将其融合到你现有的产品和服务中。这不要求做到极致，

第 3 章 业绩梯队

只需要质量足够好即可。这么做可以融合新旧技术，使之比颠覆者的全新产品和服务更具优势，让客户和合作伙伴获益。这是防御的基础，在维护现有企业财富的同时，向客户和合作伙伴展现未来的路径。

梯次防御的第三原则是，不管创新团队提供什么样的技术，直接把它们应用到正在受颠覆者攻击的业务和服务上。这需要放弃创新团队原来关于梯次进攻的想法，因为实际上你已经遭受颠覆者攻击。相反，企业应该在现有的产品和服务中融合新技术，让其焕发第二春，并可兼容现有的客户和合作伙伴的基础设施。可以肯定的是，这不是完美的解决方案。因为新旧技术之间必然存在冲突，强行将它们融合，多少会有不尽如人意的地方。这意味着你欠下了技术债务，未来需要不断偿还。企业的上述举措可在颠覆者最高光的时刻挫败它们的进程，从战略上而言，此举很划算。

关于梯次防御的最好案例是微软对付 Netscape 浏览器的一役。Netscape 的 Navigator 浏览器在 20 世纪

90年代中期迅速颠覆微软的Windows业务。微软不放弃Windows，且在Windows中嵌入一个自主研发的浏览器——Internet Explorer 1.0（简称IE 1.0）。虽然IE 1.0是个很差的产品，但是可以让微软重新回到牌桌上。等到了IE 3.0时代，它已经是个非常棒的产品，更加重要的是，它是Windows自带的，不需要用户额外支付费用。该战略非常成功，IE成了Windows默认的浏览器，Netscape最终败下阵来。

随后，微软不再投入资源在浏览器的研发和创新上，10年后，IE渐渐被Mozilla的火狐浏览器、谷歌的Chrome浏览器超越。今天，IE的地位岌岌可危，因为Windows不再是各种设备的首选操作系统，且HTML 5成了主流。微软发现该问题后，在Windows 10中加入了Edge浏览器，这是一个非受迫性失误⊖，因为这本来不应该发生。该案例值得我们好好学习。

⊖ 网球术语，指主动性失误，而不是对手的进攻造成的失误。——译者注

第 3 章 业绩梯队

错误及纠正

- 无法保证矩阵单元格的联锁功能。实施绩效矩阵最常见的失误是,让销售部门负担每列营收的全部责任,而无视单元格内其他部门的责任。因为这看起来很正常——钱就是钱,直到最后你才发现销售完全置行负责人(产品/服务)于不顾。这样的话,生产部门完全不需要为产品或服务负责。在颠覆期间,当所有单位都在压力之下,这肯定是无法接受的。必须强制厘清每个单元格的营收责任,不仅仅是在做年度计划的时候需要厘清,季度、月报也都应该体现出来。基于单元格责任的矩阵是有效的仪表盘,让每个人都清楚业务发展的即时情况。

- 销售部门在矩阵单元格的联锁责任中权重太低。这刚好和上一个错误相反——责任过度细化。某些领域或某些团队并不是直接作用于销售的,某些产品也不是适合所有销售渠道的。销售单位的经理应该具备自主调整责任的权限，可以内部调整但总体营收不能调整。企业需要确保现行的客户关系管理（CRM）系统可以支持经理实现上述调整；同时，也需要保证薪酬系统不会对此做出惩罚。

- 无法维持纪律严明的执行节奏。绩效矩阵需要长期持续的监督机制。如上文所述，最有效的办法是部门每周一议的制度，并保持月度更新、季度回顾。此举目的在于迅速找到转黄或红的单元格，尽快让它转绿。业绩不足的情况通常会在计划执行不到位的时候体现出来，这是最佳的纠错机会，可以及时发现问题并做出反应。

- 绩效矩阵中包含了次级指标。与次级伙伴商议联锁功能是无效的。如果你可以达成营收目标，次级伙伴什么忙也帮不上；如果你无法达成目标，次级伙伴也不会提供纠错方案。这么做只能是浪费大家的时间，同时削弱了绩效矩阵的整体影响

第 3 章 业绩梯队

力。因为一旦任何行或列可以不对矩阵负责,整个机制都面临着失控的局面。

为了纠正上述错误,必须把孵化梯队的业务从矩阵中移出,它并不在业绩梯队中,因为它的高销售成本、长销售周期、相对较小的成交额,都决定其无法胜任大规模营收的任务。相反,它应该有独立的投放市场的策略,有别于绩效矩阵的要求。而在成熟领域的次级市场的产品,它们要么联合,要么合并到其他产品和服务上,以求达到更大的规模。总之,矩阵中的行和列,不管是生产还是销售,都必须达到公司营收 10% 以上的规模。规模压倒一切。

- 矩阵中的"行"责任由生产线经理负责,而不是由总经理负责。该错误一般与上一个错误并肩出现,除了制定了一个规模不可控、复杂的矩阵外,还错误地将执行责任加到初级角色身上,该角色无法承担起指挥企业某行或某单元格产出的重任。

不仅仅是销售经理对销售任务负责，销售的成功还有赖于其他共享服务项目领导的支持，比如营销、研发、供应链等。这犹如举全村之力合奏一样，需要更高级的指挥人员，只有具备总经理权限的人才具备谱写该乐章的能力。

- 错误地激励专业服务实现最大化的营收增长。在通过产品或者授权服务模式获得营收优势的公司，专业服务所创造的价值（指下一代产品的优势）比其经济表现重要得多。道理很简单，专业服务正在努力赢得下一代产品的早期用户。此外，在产品上市后的时间里，专业服务将通过专业技能培训和授权生态系统的第三方，加速提高产品的市场占有率。在这样的背景下，最好调节对专业服务组织的营收要求，保持其在矩阵中占企业总营收的10%以上，但不高于20%。这样，专业服务组织依然有清晰的营收、盈利目标，同时也保证其初心不变，即加强业绩梯队赢得下一代竞争的

第 3 章 业绩梯队

能力，而不是单纯增加营收。

- 为绩效矩阵的行及列分配日常支出。绩效矩阵不是利润表，只是一个运营构念。在这种情况下，企业最好让行及列的负责人自行负责可控的间接费用。这些费用由追求财务目标过程中共享服务的直接消费组成，如营销项目、专业服务资助、外包开发、测试或整合。这些都应该由行或列的负责人自行支配。

相比之下，在矩阵中规定日常支出，削弱行或列的领导者的自主权是个错误。这么做只能让他们无休止地提出不着边际、远远大于实际的预算。更有甚者，就产能梯队的领导者（包括财务总监）而言，这是种逃避，他们要么将这些服务以一种可控的间接费用的形式"卖"给矩阵，要么将直接的成本中心的责任作为经常性开支。把烦恼丢给其他人是不礼貌的。

小　结

总而言之，在非颠覆性市场，企业哪怕犯了以上错误，其经济业绩也不会受到影响。这是惯性的力量的最好证据。"在野"企业的巨大优势就是，哪怕纪律松懈也不会影响成功。当然，企业或许可以努力做到更好一点，但是用户依然还在，可以在下个季度再努力一点。不用太紧张。

报应是在颠覆性创新出现的时候才来到。等到这一刻，企业发现自己完全不在状态，绩效矩阵的领导者缺乏技巧、纪律，甚至缺乏勇气面对挑战。在此刻，改变充满风险性和危险性，但是不改变往往是毁灭性的。你绝不可让企业进入如此境地。哪怕你现在不处在被颠覆的威胁中，也要假设马上需要面对颠覆，应该好好利用中间的间歇时期调整到战斗状态。

为此，再次确认一系列原则在任何时候都是最好的办法。

（1）将业绩梯队的年度运营计划建立于最大化收益的经济矩阵上，该计划建立在当前财政年度，即我们所说的第一期注资。

（2）围绕绩效矩阵的行和列组织运营，确保每行、每列都有独立的负责人，确保负责人对计划的制订和实施负责。

（3）聚合运营单位，使每行、每列在整个计划中营收不低于企业总收入的10%。

（4）如果正在执行梯次进攻转化，在绩效矩阵中加入新的"次级行"，并尽快使之成为矩阵的正常行。如果正在执行梯次防御转化，找到受攻击的行，重设其绩效指标，优先对它投入资源，尽快令其进入战斗状态。

（5）保证绩效矩阵里每个单元格涉及的行、列负责人的联锁责任，该责任由财务总监或CEO签订，并提交董事长审阅。

（6）定期召开季度回顾会议，行、列负责人必须出席并陈述当前的业务状态。这是强制性动作，不应该被其他事由延误。

（7）保持每周一议、每月一报的节奏，确保可以依赖数据驱动的方法保证营收。

上述是核心原则。正如你所见，它们不新颖也不激进，仅仅要求严格遵循。这些便是关于业绩梯队的所有内容。

第 4 章
产能梯队

ZONE TO WIN

第 4 章 产能梯队

在商言商，企业没有利润是无法生存的，所以企业管理工作自然比较关注业绩梯队。即便如此，如果你希望最后可以把赚来的钱揣进口袋的话，最好也同时关注产能梯队。换句话说，如果业绩梯队是打赢营收战役的核心，那么产能梯队是打赢利润战役的保证。

产能梯队是企业四个梯队中，唯一一个不直接对营收负责的梯队。该梯队由深谙管理原则的管理人员组成，提供共享服务，包括如下功能。

- 核心集团：财务、会计、法律、商业开发、投资者关系、管理、员工管理、信息技术、人力关系、培训等。

- 市场行为：营销、交流、客源开发、客户服务、订单处理、客户支持等。
- 供应链行为：中央工程部、生产、采购、运输及物流、质检、技术支持等。

上述部门的最终目标是让企业产能满载，它们的工作原则至少包括以下一方面的职能。

（1）法规遵从。

（2）提高效率（正确地做事）。

（3）提高效果（做正确的事）。

上述三种职能虽然是核心业绩表现的舷外发动机，但对于整体经济表现而言是不可或缺的。同时，由于上述三大职能之间的差异，其方法及目的都需要独立的管理方式。很多管理团队都明白法规遵从可以保证企业发展的轨道，但尚未认识到效率与效果的区别，下文将详述。

先说法规遵从。税款是企业必须缴纳的，以保证在法律框架下的自由和权利。根据地域和行业的宽度与广

第4章 产能梯队

度,税收的标准可能有所不同,但是道理都是一样的。企业文化、价值观、高层的声音都是遵从性的动力来源;而监管、考察、矫正是纠错行为。正如质量监控一样,企业不能单纯依赖"审查",而是要在设计好方案后监视其执行。

正如在高速公路上,当发现自己偏航了,你一定会感到非常痛苦。规则混乱后再调整不是件容易的事情,所以你必须竭尽全力阻止偏航事件的出现。这是审计委员会的工作范围,该委员会应该由董事会成员、第三方审计员、内部审计、首席合规官等组成,而他们的工作应该尊重执行团队提供的原则和过程。这非常复杂,但不可或缺。

这也就是说,法规遵从管理职能消耗产能梯队很小一部分资源,大量的资源投在提高效率和效果上。如上文所述,效率和效果的目标完全不同。前者属于系统范畴,后者属于项目范畴,两者必须严格区分开来。表4-1详细阐明了原因。

表 4-1　系统和项目的区别

系　　统	项　　目
突出效率	突出效果
标准化或结构化的	习惯性或可个性化的
稳定和持续的	高适应性和适时性的
企业优先	参与者优先
中央资助，由上往下执行	消费者资助，由下往上执行
灵活应对挑战	可扩展的挑战

系统提供企业运营的基础服务。企业资助的系统包括：年度预算、工资总支出、业绩评估、程序保障、订单处理、通信设施、身份管理、财务报告等。这些系统必须保证标准化、稳定性和持续性。上述都是共享服务，是企业中的每个人都必须遵守的规则，以保证企业有效运营。这也是为什么它必须是中央资助的。

当消费以上服务的部门高管出于效果的原因，请求破例不遵循上述标准化管理系统时，他们的请求应当被拒绝。在系统层面，效率比效果重要。当然，如果企业内多次出现相似的请求，系统应该进行调整以便更好地服务大家，越快越好。系统的临时修修补补是

第4章 产能梯队

下策。

相比之下,项目与系统是完全不同的。系统为业绩引擎提供运作轨道,项目是引擎的燃料。促销项目用于吸引客户与合作伙伴的关注;潜在客户开发项目用于协助建立渠道、引领销售过程;招聘项目可以吸引核心专业人员的加盟;入职培训项目可以帮助新员工尽快进入角色;部门发展项目可以保证员工共同进步;重组项目可以在产能低下的进程中找到浪费的资源;质量项目从源头保证不犯错;IT项目服务于个性化项目的开发,支持企业内部或外部运作不同的程序。

跳出上述具体项目活动来看,我们会发现,项目其实就是在特定时间,为特定客户的目标提供服务,其优先服务业绩梯队。正因为如此,它们必须/应该由特定的客户提供资助,也正是因为如此,项目的重点是帮助出资部门提高产能,哪怕共享服务本身正在面临着产能低下的问题。总而言之,项目服务于资金提供者,其首要目的在于提升效果而不是效率。

可以这么说，系统是由企业预算资助的，项目是由消费该服务的部门专项拨款资助的。从操作层面而言，项目的预算依然由提供服务的职能部门进行管理，但真正的项目支出需要绩效矩阵的具体单元格授权，在该单元格内，预算应该属于可控的间接支出，而不是由提供服务的部门随意定价。这么做的好处有二，首先，消费服务的部门对项目支出负责，它们必然会认真审视每一笔支出，不造成任何资源浪费（正如美国俚语所言，"这花的都是纳税人的钱"）；其次，这让提供服务的部门明白，项目工作不是一种权利，是必须争取的，特别是在有外部竞争者的压力下。

总而言之，项目的核心目的在于以市场的手段（而不是官僚的手段）调配资源，避免出现盲目的共享服务预算，盲目的预算会过高或过低估计共享服务的价值。为了达成这个目的，业绩梯队在制订年度计划时，需要高管额外投入时间考虑每个项目所需要的共享服务，并将共享服务支出作为可控的间接费用列入预算；而对于共享服务的高管而言，他们要认真审查该预算是否可以支撑服务的要求。

管理停产项目：全新的中央资助共享服务

在业绩梯队，常见的抑制产能的因素是紧紧抓住利润渐渐下降的产品不放，哪怕这些产品已经进入生命周期的末端。这是因为绩效矩阵的列负责人不愿意得罪大客户，行负责人不愿意放弃正在盈利的产品，哪怕产品利润已经不高，哪怕产品已经过度成熟。很不幸，上述两种态度所造成的机会成本（即没有抓住机会优先发展潜力产品的成本）是没有人需要负责的；另外，维持产能所带来的库存未能充分利用、满载例外规则的合约、特殊服务供给等问题也没有人负责。在企业尚未遭遇颠覆时，上述问题不会致命，但如果企业无法摆脱上述束缚，等到颠覆来临时，必死无疑。

解决以上问题的最佳方法是：在产能梯队设置自适应的停产共享服务。想象一下，这是产品的养老院，核心职能在于监护好到期产品，管理好停产流程。套用前文三个投资期的框架，这是第四期，我们称之为第零期。该期的工作重点在于把企业从过去的辉煌中释放出来，尤其是在残余的产品依然风光的时候。

建立停产项目共享服务需要特殊的条例，这些条例必须遵循如下原则。

- 在绩效矩阵中，将所有营收及产品责任、资源、费用、人员的管理从行负责人的手中转移到第零期负责人的头上。下文所提及的所有处理，都应该直接由停产项目经理负责，他是核心负责人。
- 取消所有停产产品的销售补偿及相关服务。
- 确定所有受影响的部门，提醒它们注意配合停产行动，并向它们了解停产所带来的影响。
- 设定停产行动日程表，尽量降低影响，但不能更改拟定好的日期。

- 保证停产日程表所计划的产出,并根据原计划安排人员分流。
- 将停产后的产品残余价值、停工费用、其他关闭费用都算到停产项目的账上。
- 保证停产项目经理对以下事务负责:运营节奏、日程表、客户及合作伙伴关系维护、最小化负面影响等。

人们常说"不能扼杀身边任何事物",这是因为他们没有意识到,到期产品犹如直挺挺的僵尸一样,需要推倒。停产共享服务就是负责推倒这些僵尸。

治　　理

在很多企业中,组成产能梯队的各个部门是相对独立地自治运作的。术业有专攻，所以这不足为奇。这就是说，对于企业而言，颠覆性创新的挑战到底是机遇还是威胁，需要企业协调一致后回答。有些资源，在某些地方是多余的，但在其他地方可能是急需品；对各自为政的局面进行整合后，会出现很多全新的挑战。这都需要新的治理层进行统筹。

对此，传统的操作方法是所有部门都向一个首席运营官汇报。如果该总监仅仅对业绩梯队负责，这种方法就是有效的。正如20世纪90年代，从宝洁跳槽到微软的鲍勃·赫博尔德所扮演的角色。但大多数首席运营官希望可以管理更宏大的局面，可以协同业绩梯队与产能梯队。很不幸，这么做对产能梯队的关注会有所削减，同时，在首席执行官与绩效矩阵之间加了一层管理层。因此，除非首席执行官与首席运营官之间足够信任，否则可能会造成企业上下政令不一的局面，让下属无所适从。故近年来，首席运营官的角色"失宠"也就不足为奇，尤其是在高科技领域。

第 4 章 产能梯队

依我之见,目前管理产能梯队更好的方法是把运营整合成以下三个职能方向。

- 客户及市场职能,一般由市场总监负责。
- 供应链及生态系统职能,一般由分管运营的副总裁负责。
- 内部管理职能,一般由分管财务和行政的副总裁负责。

在非颠覆时期,上述三大职能基本可以扮演非正式的理事会,协调梯队之间的事务,解决做年度财务预算时各梯队之间讨价还价的分歧。相比之下,颠覆时期各梯队的联系必须更加紧密,一般需要每周一议,以便讨论资源分配问题来应对巨大的变革。此时,产能梯队应该合成一个团队,而非一系列独立的领地,这需要梯队成员之间长期的信任及有效的运作机制。

有了上述思想后,我们再来讨论资源分配问题。

产能梯队的进攻

当企业决定部署全新的业务线并准备开始规模化的时候,必然面临巨大的资源压力,产能梯队此时会成为最有力的援军。项目是援军的最有效火力,在可预见的未来,它应该优先于系统(但法规遵从还是神圣不可侵犯,援军也是要纳税的)。

最初感受到压力的是内部管理职能部门。人力资源部必须启动紧急招聘,通常需要解决紧急招聘人员的额外补偿及组织适应性问题。业务开发部门需要在窗口期内熟悉游戏规则的改变。法务部门需要熟悉陌生的协议定义及条款,以便做出完善的合同。投资者关系部门需要讲述新的故事,为即将到来的"J形曲线"提供空中火力支援。上述一切都是全新的,都需要全新的项目来迅速、有效、安全地进行部署。

在客户及市场职能方面,颠覆性创新带来热火朝天的市场兴奋期,同时也带来了很多障碍:新的受众、新

第4章 产能梯队

的故事、新的媒体、新的生态系统,但学习时间不长。首席营销官必须重新安排预算,通常的做法是短期内租用第三方力量,迅速地带动内部的团队成长起来。这么做的代价非常昂贵,由于营销部门希望得到最好的力量,必须调用其他地方的预算。

但事情是这样的,这些调过来的预算只能源于销售部门以外的其他部门。这里面蕴含两个巨大的挑战:一是企业开展"下一件大事",二是保证原有的业务线在绩效矩阵的表现。各个职能之间的资源必须重新调配,非一线业务的预算必须进行削减。在过去各自为政的封地里,这必然引起本位主义的批评,这就需要管理产能梯队的理事会建立的信任关系进行协调,确保万无一失。

最后,内部管理职能面临新的挑战,需要处理新业务线对原有系统和流程的破坏。企业会出现很多非常规、非主流的事务,如果按照正常的流程来处理则会造成业绩不达标、运营不支持的情况。但颠覆时期是非正常时期,是需要冲刺临界点的时期,达到临界点后外部世界将不再抵御新业务，相反，会不断地推动企业向前发展。在达到临界点前，运营职能必须保证项目与颠覆性创新的紧密合作，并确保其与体制的高度兼容。在运营方面，颠覆性创新的效果比效率重要，运营官必须清楚这一点。正因为如此，首席执行官需要对转化梯队抓得更紧。

产能梯队的防御

当既存业务受到颠覆时，现任的市场领导者必须迅速做出有效的回应。这时竞争优势的支点会被挪动。之前有优势的、有话语权的东西成了赌注，甚至是负累。企业不得不把团队带到全新的战场，展开陌生的斗争。

在全新的战场，企业的目标不是表现竞争优势，而是努力消除冲击。因为没有足够的时间去竞争，企业必须够快、够好。这是业绩梯队的工作——在转化梯队的支持下，在孵化梯队的帮助下，企业所有成员都必须明白在可预见的未来，什么才是最优先的事务。

以上都需要时间、人才、金钱和管理的支持，这些资源从哪里来呢？资源应该从运营模式的潜能中挖掘出来——这是产能梯队的工作，即优化目前的运营模式。

产能梯队的目标就是从传统的工作流程中提取有效的资源以便应付变革。但是传统的流程已经根深蒂固在企业文化中，而企业文化是由占运营预算份额大的部门决定的。现在要求这些部门利用更少的投入获得更大的产出，即以更小的预算和更少的人员去获取更高的利润。

那需要怎么做？这有点像钻地取油。在任何系统中，总有一些被困资源与陈旧的运营模式在做斗争，管理者的目标就是释放这些资源，并将其重新部署到新的业务中。这么做的核心在于确保你瞄准了富资源流程，即那些消耗着被困资源的流程，而此类被困资源又是其他地方急需的，这便是管理的使命所在。此举可能使企业面临业务流程重组的风险，但相比释放企业资源、加速运营模式的现代化，冒险是值得的。不管在何种情况下，以下事情都不能做——重组那些无法释放稀缺资源的业务，虽然这么做可能会节省大量的成本，但企业迟早要为此付出代价。企业需要释放人力资源，这才是正道。

一旦瞄准了人才释放流程，以下六大杠杆就能为企业操作提供操作框架。

六大杠杆

（1）集权化。企业确定重组的业务后，应进行广泛宣传，获取广泛支持，然后确定执行新政的人选，明确其权责所在，形成闭环。业务重组是件不太受欢迎的事情，不会得到民主决策的支持。为了确保成功，在改革旧流程之初，企业应该广泛听取各方意见，一旦确立方向则强力执行，并对执行者赋予足够的权力，随时消除反对的声音。长痛不如短痛。

（2）标准化。既存企业往往是通过多次并购成长起来的,相同职能的差异比较大,很难做到"标准化"运营流程。差异化降低了敏捷性、阻碍了流动性、增加了维护成本,且容易出错。人力资源也因此被困,因为体制与个人无法充分沟通。标准化可以避免此类人力资源的浪费,一旦标准化底线建立,未来可期。这可能有点苛刻,但是在颠覆来袭时,没有时间瞻前顾后。

(3)模块化。将需要重组的目标流程进行职能元素分解,同时忽略各个流程目前所归属的部门。此举的目的是检验每个步骤对工作流程产生的状态改变。每个理想的状态改变都拥有独立的步骤,每个理想的步骤都能带来合理的状态改变。请注意,此时还不需要进行重组,只是通过有效的活动找出浪费资源的流程所在。这也是被困资源所在的地方。

(4)优化。这是执行步骤,重新设计流程,释放被困资源。该步骤一般涉及任务的合并、任务的削减、重复操作的自动化、自助服务的建立、技术解决方案的部署、瓶颈与故障的预演、应急预案的建立,也有可能会涉及运作流程的彻底修正、新一代系统的投入，以便满足全新任务的需求。优化举措的目标不是节约成本，也不是提高效率（虽然这往往会发生），真正目标是释放相关资源，达成预期效果。如果不是朝着这个目标出发，一切都是浪费时间。

（5）检验。在优化过程中，企业利润下降似乎不可避免。所以，在重组的某个时间节点，企业目标是稳定当前的流程，并尽可能高效地推进，与此同时，设定质量及效率检测的核心指标，以便检验流程的合理性。此举可以释放部分管理时间投入，同时保证核心的监管。

（6）外包。如果流程走在正确的道路上，同时体制内没有足够资源进行运作，考虑外包。如果外包可以释放某些急需的被困资源，那么外包是值得的。外包商的服务由流程控制系统决定，企业只需要维护好可视化的评估指标，监管好外包商。当然，企业依然需要检视整个流程，但不再需要亲力亲为地运作流程。

最后一点：以上六个杠杆是线性的，企业必须按部就班，不可以从第一步的集权化直接跳到最后一步的外包。这么做只会"事倍功半"，伴随着各种拍脑袋决策、朝令夕改、不能完成的任务、预算超支等悲伤的故事。企业必须脚踏实地地从第二步走完第五步，为自己"赢得"外包。

错误及纠正

与业绩梯队一样，在市场稳定期的一段时间内，产能梯队无任何作为也可维持平均线左右的表现。虽说不尽如人意，但也未到非改不可的地步。如果面临着颠覆的压力，必须直接、迅速地指出一些影响执行的错误行为。常见的错误行为包括：

- 在项目优先次序问题上与绩效矩阵的主营业务无法达成一致。此类错误一般发生在共享服务提供商部署项目的过程中，与客户的意愿有分歧。这经常发生，因为客户知道自己想要什么，而服务提供商知道什么才是最好的。解决之道在于分清"怎么做"与"是什么"。项目客户是资金提供者，应该由其确定需要的"是什么"。如果项目的服务提供商对此有异议，应该马上被换掉。当然，如果"是什么"被确定下来，应该由服务提供商确定"怎么做"，毕竟术业有专攻。同样地，如果项目客户无法接受服务提供商的方法，它们需要另请高明，但要确保它们不是在随意浪费企业预算。

- 在体制优先次序问题上与绩效矩阵的主营业务无法达成一致。这是立场问题：体制的制定者提出规则外的请求，而体制的执行者却迎合了该请求，这往往是因为执行者属于中层管理人员，无法对抗上司的一意孤行。这造成了非常恶劣的影响。所以，流程的执行者必须高度重视此类问题。体

第 4 章　产能梯队

制是企业的基石、企业的财富，不容许随意玩弄，哪怕企业中的"大牛"也不能例外。顶层管理者必须明确此问题。

- 尝试让某业务部门自行管理停产项目。正如前文所述，这不可能成功。纠正办法也在前文中提及，启动第零期方案，通过产能梯队提供共享服务完成停产管理。

- 主次不分。此类错误是由于产能提案所优化的内容属于非核心业务，其优化无法达到释放资源的效果。在高科技领域，主要表现在无法优化企业发展的两驾马车——研发与销售，而是关注在小细节上。在平时，该类错误不会带来很大影响，但当颠覆性对手来袭时，研发和销售无资源可用于抵御外敌。这便造成了企业内大部分职能需要强行重组，哪怕当下大家都无法接受这些想法。为了主次分明，绩效矩阵的主营业务必须获得企业 CEO 的支持。哪里才能找到资源，既保证企业营收，又能让"下一件大事"达到爆发点呢？答案是通过以上六大杠杆，释放传统流程中被困的资源。

小　结

企业可以通过以下几点，管理好产能梯队。

（1）组织和资助共享服务职能的操作，明确区分以下三大方面的管理。

- 法规遵从性的管理经费源于企业中央预算，只对CEO和董事会汇报。
- 体制的管理经费来自企业中央预算，确保财务总监对此负责，而不是业绩梯队的行负责人。
- 项目的管理经费来自业绩梯队的各大部门，确保其对此负责，并确保该经费属于可控的非直接支出。

（2）确保体制管理中央集权化；建立标准，并确保体制管理者对企业的标准负责。明确在体制管理中，任何"违例"的请求都应该不受待见，不管其来自何方。

（3）确保项目管理的去中心化，根据实际情况因地制宜地设定相关的质量、效率和责任要求。在制订年度计划时，充分考虑每个项目所需的共享服务预算，确保来年的预算与工作量匹配。从总体上而言，尽量以较低的交易成本获取更多的内部服务，但基于时间和人力资源的考量，可以采取外包。

（4）建立停产项目的服务，直接对产能梯队的高层管理人员负责。为停产项目服务配备熟悉该项目的中层管理人员，同时为其赋予更高的权限（直接得到执行总监的支持），避免高级经理干扰项目的管理。

（5）当受到来自外部颠覆者的压力，马上启动重组方案，从非战略性业务（哪怕是主营业务）中提取资源，投放到战略性方向。从本质上来讲，这是企业通盘的考虑，需要抛弃狭隘的局部观，需要高强度的政策性行动和强有力的领导力。

总而言之,在产能梯队的管理中,长期性挑战是保持团队的奋发向上状态。在顺境中,团队很容易松弛,惰性随之而来,让你错误地觉得自己处在最佳的位置上。一旦颠覆来临,企业将疲于奔命。所以,修炼"体形"、保持"体形"是唯一方法。

第 5 章
孵化梯队

ZONE TO WIN

第 5 章 孵化梯队

孵化梯队是第三期投资的大本营,第三期投资需要几年甚至更长时间才能带来质的变化。首当其冲的问题是:股东为什么愿意投资到回报周期如此漫长的地方?为什么不由公共资金、大学的研究资金来承担此类投资?或者说,为什么不让风险投资财团来干这件事?

提出上述问题无可厚非,这也给既存企业的投资指明了方向。企业决定是否开展第三期投资的标准如下。

- 它必须包括一种颠覆性创新,且可在目标市场给绩效矩阵带来 10 倍以上的改善。否则，它没有足够的影响力驱动一个全新品类的发展、成熟、规模化。

- 它必须具备可规模化的潜力，即有机会达到企业营收的 10% 以上。在有机的、非线性的结合之后，规模化后的最低门槛是 10%。否则，它将无法在企业的绩效矩阵中立足。
- 在成功地达到既定规模后，它必须可以给企业带来全新的业务（相对企业的既存业务而言）。只有新业务才能触发企业总市值的跳跃式增长，这是对风险投资最佳的回报。

总之，孵化梯队是企业宝贵的不动产。它与试验下一代技术及验证商业模式是截然不同的，不能混为一谈。如果需要开展试验，可以考虑臭鼬工厂或者实验室（在这里，学习是首要任务，而快速失败是另一种形态的成功）；且试验应该考虑在种子投资期进行。相对而言，孵化工作的恰当开展，是企业做大做强的保证。做大做强

第5章 孵化梯队

是所有企业的意愿,这也是第三期投资的关注所在。

在此情况下,每一个接受投资的孵化项目都应该以发展成颠覆性的创新并投入市场为目标,至少要在十年内在新兴领域为企业带来数以亿计的营收。因此,在五年内,孵化项目不仅需要创造出具备竞争力、可行性高的产品,还应该带来一定程度的营收。根据企业的规模,孵化项目应该为企业的总营收做出1%~2%的贡献。只有具备该规模的孵化项目才具备进入转化梯队的资格。转化梯队的核心工作是将孵化成功的产品规模化,带到引爆点(即企业营收的10%左右)。如果一个孵化产品尚未达到企业营收1%的规模,转化是没有意义的,因为过程太漫长而大家的关注度有限。

总而言之,孵化梯队是大规模业务集结待命的区域,其中的某些业务甚至可以贡献上亿美元的营收(即企业营收的1%,按企业营收为100亿美元/年计)。即使达到上亿美元的规模,如果尚未达到绩效矩阵的上榜要求,也仅可以被认为是企业大机器中的一个小齿轮。然而，达到该规模的孵化产品的管理比一般的项目和工程难度要大。它需要专门的销售、市场营销、专业服务等，以便可以与市面上的同类初创产品抗衡；另外，它还需要专门设计、制定、运营个性化的供应链服务，以便可以满足下一代产品的需求。总之，孵化梯队不仅需要投入研发经费，还需要投资整个事业。

治　理

在企业内部管理孵化梯队要求企业自身的创新，其管理的目标是找到最佳方案，平衡风险投资与公开募股公司。2006年，思科的执行总裁约翰·钱伯斯就曾经质疑马丁·戴比尔成立新兴市场技术集团的决策。虽然后来思科转化梯队的表现不佳，但其孵化梯队的工作确实是世界顶级水平。图5-1便是来自思科孵化梯队的管理模型。

第 5 章 孵化梯队

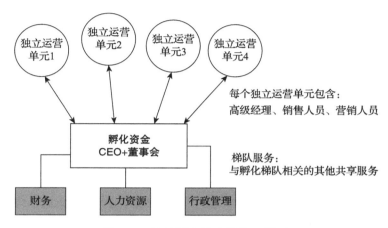

图 5-1 思科孵化梯队的管理模型

图 5-1 中的核心要素包括以下几个。

- 孵化梯队内每个实体都应该是个独立运营单元（IOU），拥有总经理、产品开发的可支配资源、产品交付、销售和营销，虽然没有完备的财务报表，也至少应像一家初创企业，而不是简单的研发项目。
- 独立运营单元的资助资金在企业年度计划外，根据企业的阶段性目标而定，而不是企业的财务核算年度；但根据公司年度计划，资助总额度会做相应调整。一旦资助的总额度确定，独立运营单元之间必须相互竞争去获取更多的资助，不允许占用第一期投资中的业绩梯队和产能梯队的资金。

- 总体而言，独立运营单元应该接受"风险投资"的管理。由投资董事会确定哪个单元该获得多少投资，哪个产品该获得下一轮投资，哪个经理该获得嘉奖，诸如此类。在最理想的情况下，投资董事会成员中应该包含孵化梯队的负责人、执行总监、产品负责人、总工程师、一到两个热爱创新战略的其他部门的总监。

- 孵化梯队中的独立运营单元的整个业务组合应该组建一个小团队，与产能梯队的各种共享服务进行联系，获得支持。该团队的主要工作是分辨独立运营单元的创业节奏与整个公司是否相符。该团队的工作章程是：保证独立运营单元不会偏离公司的发展航道，同时维护公司的遵从性。对于通过收购方式启动的独立运营单元而言,这尤其重要。

- 每一个独立运营单元都应该受风险投资原则支配,即为了确保下一轮投资的顺利开展,需要明确一些重要的阶段性目标,包括:
  ○ 种子期:验证技术。
  ○ A轮:打造一个可行的产品,并验证市场。
  ○ B轮:明确一个滩头堡市场,建立整体的产品方案,成为该市场的主导者。
  ○ C轮:扩大到毗连的市场,并准备投放到转化梯队。

- 如果独立运营单元无法实现某个阶段性目标,一般允许再次尝试,但往往不允许第三次尝试。孵化梯队的资源非常宝贵,不容浪费。如果某个独立运营单元无法获得下一轮投资,应该立刻停止运营,同时保证其相关技术可以被其他相关领域所吸收利用,并重新安排人员的工作任务。

孵化梯队的进攻

在孵化梯队部署进攻,类似运作一个风险投资支持的初创企业。定义阶段性目标是为了赢得下一轮的投资估值。技术的产品化、获得灯塔客户、赢得目标市场的主导地位是三个主要阶段性目标。第一个目标可通过与客户中的技术发烧友、内测爱好者一道打造产品来实现;第二个目标可通过与一些有远见、愿意为抢滩市场而冒险的商业领袖合作来实现;第三个目标可通过与陷入困境、愿意为你的颠覆性创新买单、希望找到出口的实用主义者一起合作来实现。上述阶段性目标非常清晰,是重中之重。创新领域制胜的法宝便是明确目标,不受干扰。

第一个目标的实现离不开技术人才,他们有些来自企业内部,其他的可能需要企业冒险引进。也就是说,外部专业人才非常重要,尤其是在颠覆性创新技术领域。总之,哪怕在刚起步的时候,企业家视角也是必不可少

第 5 章 孵化梯队

的——对未来的营收负责。记住,这不是投资研发项目,而是投资公司。

第二个目标的实现需要为技术团队提供专业服务,建立灯塔客户项目。此阶段的领导人要出类拔萃,必须可以高度概括客户的疑问,还需要掌握颠覆性创新的原则,并需要在两者之间架起沟通桥梁,为客户在真实场景中提供10倍以上的优化感受。在企业发展旅程中,本阶段的座右铭应该是,"把自己抛进困境中,然后找到出口脱困"。这个游戏不适合懦夫。

赢得灯塔客户是成功的一小步,让企业可以进入公众的视线,但这远未能成为生意,要成为生意,必须赢得目标市场的主导地位,赢得部分"死忠"客户,他们乐意使用企业的新技术作为平台,以解决在市场运作过程中碰到的困局。这就是《跨越鸿沟》中所谈论的问题,即为遭遇共同痛点的客户提供强有力的产品。重申一次,企业需要招聘外部人才来完成本阶段性目标。在这种情况下,最核心的要素是该市场领域的主导专家的意见,尤其是富有经验的专家，加上他们的人际关系网络，可以加速产品向目标市场扩散。本阶段的目标是集中企业的力量，提供一个有意义的、强有力的、可复制的解决方案。该解决方案可以使目标客户紧紧地围绕在企业身边。

如果一个独立运营单元达成了上述三个阶段性目标，就已经抵达了"起飞点"，接下来需要考虑规模化的事情，即它已经成为拥有真实客户的真正持续增长的生意。当然，它依然隶属于绩效矩阵中的次分类，但已经成为转化梯队合法的候选者。这便是所有独立运营单元的终极目标。这意味着，由于转化梯队每次只能处理一个产品进程，且处理周期长达两到三年，故只有很小一部分产品可以实现最后产出的目标。那么，其他独立运营单元应该怎么办？

如果一个独立运营单元无法入选转化梯队，它可以选择以下几种方式退出。

- 被绩效矩阵里现有的业务所吸收，由颠覆性创新

第 5 章 孵化梯队

变成持续性创新;其规模得到扩大,同时也帮助现有业务焕发第二春。这不是本垒打,而是安打,对赢得赛事帮助很大。

- 押后其部署,将其保留在孵化梯队内,等待合适的时机再进行规模化。如果独立运营单元的技术足够新颖,这么做不失为一个好办法。这很可能是一次性选项,因为根据经验,孵化梯队的最长停留时间不超过五年。

- 寻求外部私募资金的支持,为其"续命"。母公司只保留适量的股权,以及正面的 IP 形象。这不是企业的常规路线,但应该考虑将它常规化。此举可以把独立运营单元从高度复杂的业务中释放出来,否则这些高度复杂的业务将会摧毁独立运营单元。释放后的独立运营单元兴许可以获得新生,为企业带来不菲的回报。如果没有外部的供给,该团队往往难逃被终结的命运。

- 将其出售给更有融资能力的企业。其实,这是一个迫切需要的抢救方案,但前提是该单元的体量足够大,且之前与收购方有较好的联姻并购关系,否则并购有较大概率会徒劳无功。

- 终止项目。

本节的重点是明确孵化梯队的空间非常稀缺,所有初创业务必须明确其最后出售时间。如果不这么做,机会成本将非常高,即可能会沦为二线创新业务,被对手抛在身后——没有永远的领先者。

孵化梯队的防御

当业绩梯队受到颠覆性攻击,且威胁到其无法触发转化梯队的时候,孵化梯队应该马上调整到另外一个优先模式。具体而言,快速现代化企业现有的运营模式,以抵御颠覆性攻击。在这一点上,独立运营单元中的任

第 5 章 孵化梯队

何可利用的技术都应该马上投入战斗，不管其会对独立运营单元造成多大的影响。

可以遵循以下步骤进行。

- 董事会与绩效矩阵受到攻击的负责人一道，讨论独立运营单元中所有可用的技术，找出相关的技术。
- 召集相关独立运营单元的高级经理开会，讨论将上述技术融合到目前体系中的功能及可行性。
- 一旦某项技术确定需要投入现有业务体系中，独立运营单元团队必须全力以赴，不要计算其在孵化梯队的影响。这意味着，重新修订独立运营单元的发展路径，将其投入新的项目中。在此期间，独立运营单元团队需要额外向被攻击的业绩矩阵的行负责人汇报。

最后，这突如其来的路径改变给独立运营单元带来更好的结果，所以每个人都应该毫不犹豫地大步向前。

这不是任何人可以预料的,这是颠覆的附带伤害,无法绕过。

错误及纠正

根据前文所述,读者可能发现,本书的方法有别于目前企业标准的投资与管理颠覆性创新的方法。这也是本书的贡献。既存企业已经被证明缺乏创新能力,但有趣的是,事实并非如此,它们也具备创新能力。它们反而是无法将创新规模化。这源于孵化梯队和转化梯队的管理失误,本书后面的章节将详述。现在,先看一下孵化梯队的具体错误。

- 技术开发与市场开发脱节。技术开发一般在企业的实验室等部门开展,目标是提供产品原型投放到市场。这么做不会成功,因为产品本身不够成

第 5 章　孵化梯队

熟，同时市场也没发展到可以回报投资的程度，相关部门无法将该产品规模化。产品只会在一片混乱中失去了方向，好像它从没有正式出现在产品线上。如果企业有实验室，应该将它视作孵化梯队的供给，而不是取代孵化梯队。

- 独立运营单元与绩效矩阵共享资源。一般来说，企业尝试利用目前的销售、影响、专业服务的市场体量来支撑孵化梯队的规模化。刚开始，这可能会取得一定程度的成功，但随后孵化梯队会发现自己是充当原有产品线的副手，尤其是在第一梯队遭遇了营收压力的时候，这种感觉更明显。因此，当独立运营单元出于策略性转向或迎战对手的需求，需要更加灵活的市场投放能力时，它将失去原有的敏捷性，变得举步维艰。
- 把企业的责任压在孵化业务上。孵化产品往往是无章法的，可能会给企业品牌带来负面影响，要求初创产品满足"品牌"的期望值，显然是个不能承受的重担。相反，企业高层应该给孵化梯队提供足够的生存空间，同时严格要求所有独立运营单元对早期客户采取恰当的行为。一个可行的策略是为创新产品建立一个新的子品牌，正如 Fedora 和 Red Hat 的关系一样，向客户传递一个信息：这是我们向早期用户投放的产品，不能用主营产品的标准要求它。

- 任命了错误类型的领导者。独立运营单元的高级经理必须具备企业家精神。最有效的办法就是选拔有成功运营风险投资产品背景的前 CEO。当然，企业必须为这些人找到有趣、好玩的事情做，否则拴不住他们。相比之下，那些有着很好背景的高层管理人员，不会撸起袖子干脏活、累活。在创新环境下，他们无法拼命推进整个体系的进程。

- 无法终止不及格项目。优胜劣汰是投资颠覆性创新的不二法则，没有项目可以很容易获得投资或

第5章 孵化梯队

持续获得投资。无法及时捕杀"弱兽"意味着浪费资源,进而会拖垮整条生产线。

- 混淆第三期的投资与年度运营计划。年度预算应该属于第一期的范畴,颠覆性创新不应该与年度预算竞争资金。此外,独立运营单元的投资应该基于阶段性目标,而不是年度计划的日程表。如果企业每年只做一次资金分配决策,某些表现不佳的初创团队可能会懒散几个季度。每年应该调整的是整体投资额度,而对于每个独立运营单元而言,必须严格控制其是否达到下一轮投资的标准。

- 错误地由绩效矩阵对第三梯队的项目直接进行孵化。此类努力不可能会规模大到颠覆现状,唯一成功的产出是在原有的产业范围内建立下一代创新。正如前文所述,业绩是第一梯队的责任,不能与第三梯队混淆,哪怕第三梯队的产品"分娩期"需要花掉好几年。

小 结

本章的干货是：孵化梯队的资源是短缺的，新开任何项目都应该慎之又慎，不值得为二流的团队和机会浪费资源。尤其是在某个领域正遭受颠覆性攻击的时候，错失机会意味着灾难性的后果。企业对于孵化梯队不要求大求全，而应专注在一个问题上。

第 6 章
转化梯队

ZONE TO WIN

第 6 章　转化梯队

转化梯队是企业摆脱历史的束缚走向未来的地方。此梯队内的项目可带来长期性增长的新风口，而增长源于颠覆性领域。如果颠覆性领域靠近核心业务，既存企业可以部署进攻；如果是自己的领域被颠覆，则需要部署防御。不管进攻还是防御，目标都是通过技术转化将企业带到崭新的轨道上。

但是这样会导致第二投资期的困境。为了有效地拥抱下一波浪潮，企业必须重新分配大量资源，为未达到第一投资期业绩指标的业务"输血"。更糟糕的是，企业需要从现有的业绩矩阵中提取资源，这进一步加大了第一投资期的压力。随着挑战的进一步复杂化，企业内部的所有体系都会加强业绩梯队的利润，而不是抵触利润。最终的结果便是，目前运营模式的周围累积了大量的惯性和势能。在正常情况下，这确实是件好事——企业可以保证低风险、高利润，这也是企业梦寐以求并竭尽全力维持的状态，越长越好。

但是，当颠覆来袭，这一切都变得不可为继，坚持意味着失败。如果想在新规则下占一席之地，企业必须改变现有的状态和节奏。船长必须掌好舵，领导转化是 CEO 的首要任务，必须和 COO 的职能区别对待。转化不是常规性动作，但一旦启动，它就应该优先于其他事务。

治　理

有别于其他梯队，转化是种短暂的行为。它只存在于迎接（或制造）危机，一旦危机解除，它将不复存在。

第6章 转化梯队

所以，没有独立的、反复出现的治理法则。相反，它的治理应该是围绕着CEO等高管，成为管理团队的首要重大事务。

在颠覆性创新期间，CEO本身的角色也发生了重大变化。在持续创新期间，CEO等同于高级经理，掌管管理团队，工作重心是良好的管理。相比之下，在颠覆期间，企业CEO必须将繁重的日常管理工作交给其他高层，专注于带领企业走出这个不稳定期。一句话，稳定期间需要优秀的管理，颠覆期间需要非常规的方法。

转化梯队的进攻

梯次进攻的目标是在颠覆领域获得非线性增长，主要通过创造全新的业务，并将其规模化。为达到这个目标，企业必须从孵化梯队中找到一个合适的业务，将其设为业绩矩阵的业务线，如图6-1所示。

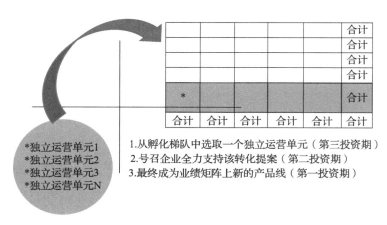

图 6-1 转化梯队(转化提案)

CEO 的第一个任务是选择一项合适的业务,且仅仅是一项业务。前面已经重复过多次,在同一时间转化两个以上业务,属于只赚吆喝的行为。

CEO 的第二个任务是做重大资源调整——可能会气歪所有人鼻子的调整。虽然颠覆性业务目前还处在二线的位置,但是独立运营单元的总经理却可以提拔成业绩矩阵上新的行负责人。同时,业绩矩阵上所有负责销售的列负责人应该全力以赴,确保新业务的非线性增长,哪怕新业务的销售难度比旧业务要大。此外,提供专

第6章 转化梯队

业服务的部门负责提升该行的优先级别，哪怕该业务属于资源密集型、非盈利、管理难度高。最后，为完成非线性增长的闭环，商务拓展部负责找到一到多个可并购的项目。这些项目将获得总经理的个人认可，且在整个并购过程中获得CEO的特别照顾，因为相比收购企业而言，这类项目的估价高得离谱。并购项目正式上马后，将会面临一个非常艰难、高压力的阶段，直至到达爆发点。

一旦新业务到达爆发点，整个组织架构就可以重新稳定下来。之前由总经理直接负责的独立运营单元模型的多条战线现在可以转移到业绩梯队，或转移到产能梯队，为企业提供职能服务，由其职能管理者负责。该业务本身将成为业绩矩阵上大规模、高增长的行。接着，企业目标便是在它的周围积累惯性和动能，这也是业绩矩阵天生擅长的技能。

然而，在到达爆发点前，还有不少的挑战，包括：

- 专家人才匮乏。在新领域开展销售，需要具备该专业知识的人才。这类人才在独立运营单元中是有的，但在全球市场的销售上，人才就显得捉襟见肘。该问题的最直接解决方案是——部署全渠道式销售，但这会带来下一个问题。
- 每客成本过高。全渠道式销售的致命弱点是成本过高，规模越大成本越高。在达到预期目标前，其可见的负面影响已经暴露，即影响整个企业的利润，从而引发首席财务总监的取缔。但在这个时间进行预算削减是致命的：在到达爆发点前放弃全渠道覆盖，销售的动能被拉向一边，项目将寸步难行，此项目在业绩矩阵上将不复存在。
- 报酬不合理。销售的报酬一般是由订单的数量决定的。第二投资期的销售难度明显大于第一投资期，因为前者需要更多高层的支持，需要对目标客户投入更多的预算，也需要行政部门更多的支持。正因为如此，传统销售人员不愿意加入转化

第6章 转化梯队

型产品的销售,他们也将不会竭尽全力投入新产品的销售。

- 财务管理阻力。这同样也是不合理的问题。一般来说,在任的客户经理与新的目标客户没有太多联系,新的目标客户开发不仅仅属于独立的部门,而且还可能与现有的部门竞争企业预算。同时,传统的销售圈可能会被新的产品颠覆,造成延误甚至损失。

以上问题都不是无解的,但需要投入时间、人才和精力。这就是为什么CEO需要在各种高层会议上将转化项目提到首要位置,这对加速项目发展非常有效。转化的过程非常痛苦且风险极高,越快完成转化越好。所以,在每次运营会议上,CEO都应该问负责新领域的总经理:"我们现在提供什么协助才可以加速你们的进程?"

以下几个方法是CEO和人力资源部可以使用的操

作杆。

- 向企业全体人员明确以新业务为重的信息。
- 在一到两个垂直市场加大销售覆盖力度,因为垂直市场上成功的个案高于平均值。
- 为大客户定制特殊的合同条款。
- 增加技术支持力度,加速客户部署颠覆性产品。
- 增加开发力度,加速构建"追随者"特征集,定制高度差异化的核心。
- 给予供应链伙伴特殊的支持,加速它们对新产品的贡献。
- 准许与新产品相关的高层管理人员特殊的续聘协议,确保他们全力支持新产品。

在发布以上特殊条款的同时,转化梯队的项目还需要其他三个梯队做出重大牺牲,而每个梯队本身巨大的惯性令其拒绝改变。具体而言,有以下三点。

第6章 转化梯队

- 业绩梯队。业绩矩阵上的列负责人需要将其市场资源的 10% 投入到转化项目,而同时又需要达到业绩计划的预期要求。产品的行负责人则无须为此直接负责,虽然他们需要限制投入,但是销售压力小很多。总之,转化项目一般需要消耗掉整个系统的应急资源,从而给业绩矩阵上的所有单元格带来风险。

- 产能梯队。职能支持部门的负责人需要考虑重组、外包、自动化,或其他方法给目前的工作任务减负,以释放资源支持转化变革。这时候,企业往往会引入六大杠杆,释放被旧流程所限制的资源,并加速一个及多个停产项目的进程。同时,企业必须维持原有的体系,保证遵从性、质量和可靠程度。这有点像在车辆行驶过程中更换轮胎,有点不太现实。业绩矩阵不能在产能不显著提升的情况,同时兼顾运营和转化。

- 孵化梯队。孵化梯队下面独立运营单元的总经理在可见的未来无法预判是否可以进入转化梯队，因此每个单元都在重新估计自己的价值，思考退出的战略，或选择坚守阵地等待上线，或调整到前文所述的退出项目中。

上述非正常诉求一直困扰着企业高层，除非有非常慎重和宽容的管理，否则以上诉求很容易演变成致命的问题。

为了保证转化的推进，企业 CEO 应该在董事会的支持下，重新修正企业的绩效报酬方案，要保证对负责转化项目的管理团队做到奖惩分明。如果过半人员未来两三年的年终奖和某个转化挂钩，它必然会得到足够的关注和支持。事实上，只要企业全体成员齐心协力、步伐一致地朝一个方向出发，是没有理由不成功的。因为既存企业有着巨大的推动力，如果内部协调得当的话。最大的挑战是保证绩效报酬、系统管理与企业的战略保持一致。

另外，必须与投资者达成共识，取得他们的支持。提前让投资者获悉企业的转化项目，免得他们对财务支

第6章 转化梯队

出有异议,或根据自己的理解控制财务支出。企业实际上是在管理股东的财富,但由于企业正在把稳定收入的支点放到下一波浪潮中,故阵痛在所难免,在成功之前必然需要经历各种磨难。

在此情况下,与投资者的沟通可以分为以下三个步骤。

步骤1:在新业务规模化前。展示与大客户所签订的合约,引导投资者关注新兴领域的颠覆性技术带来的效果。重点讲述新范式如何处理客户未能满足的需求,以及可以给企业带来更大市场的合作伙伴生态。这时尚未能带来巨大的经济收益,只是给投资者一个启发。

步骤2:最艰难的一步。企业不可能在传统业务的业绩不受损的情况下,顺利开展转化,除非有奇迹发生。不管关于业绩下滑的解释怎么动听,也无法阻止投资者的焦虑。所以,你需要尽快让别人明白企业正在做什么,未来6~8个季度的目标是什么。尽快明确对目标领域的认知,并明确如何重设业绩进度条,越快越好。该认知不仅有助于规模化,还有助于赢得时间进行调整,最后拿出让投资者满意的业绩。

步骤3：黎明前的黑暗。企业已经到达并通过了新领域的爆发点。绩效矩阵将首次迎来新的一行，财务状况也将爆发，投资者和财务分析员将重新对企业的新盈利引擎进行估值。此时，企业不应再对此保守秘密，应尽快让新业务在绩效矩阵中脱颖而出，让高增长和高价值的业务混在普通绩效矩阵中不是一个好主意。

本小节可概括如下：在颠覆期间，营收总额不是核心，企业不能让任何运转率主导。当然，营收总额最后也要计算，企业最后也要对此负责，但这一定不是一个企业的全部故事。企业的故事应该在长期增长、前途光明的框架下讲述。冰冷的数字表格说明不了任何问题。

转化梯队的防御

与转化梯队的进攻一样，防御也充满挑战，甚至更

第6章 转化梯队

加艰难,理由如下。

帮助客户在运营中释放"被困资源",是企业的生存之道。但如果企业为客户提供的服务本身就困住了资源,那该怎么办?也就是说,企业为客户带来的价值保证不了客户的利润,那该如何是好?

企业必须清晰地认识到,此时,投资者的直接利益与客户的利益不再一致。这是不可持续的。因为在企业现有服务模式下的被困资源迟早有方案进行释放,客户也明白此点。企业的利润将大幅收缩,投资者将对现有模式感到失望,因为不再有利可图。此时,企业只能想办法与客户结成同盟,重新调整所提供的服务,与客户建立坚实的合作基础。

在这种情况下,企业的差异化方案应该是进化性的,而不是革命性的。转化梯次防御的策略围绕以下三方面展开:①弱化攻击;②优化;③差异化。

上述①~③的顺序非常重要。受到颠覆者挑战的组织一般都犯过一些错误,例如,维持原来的模式一成不变；拒绝或漠视颠覆，直到市场份额被蚕食到无法忽视才开始实施一系列的小规模改革、优化措施。这样做只能证明企业未能抓住颠覆技术。还有些企业，过于未雨绸缪，为了显示与颠覆者的差异化，过早部署一个或多个未成熟的孵化项目，同时还保持原有的业务不变。这样做只能证明企业缺乏赢得未来的法宝。

应对颠覆的正确方式包括：

（1）弱化攻击。企业的首要目标是弱化颠覆者的攻击，所以应该尽最大能力借鉴颠覆者最吸引人、引人注目的特征，融合到企业的产品和服务上，改变运营模式适应新的形势。可以肯定，这是临时拼凑的杂牌军，但是也要尽力做到更好、更快。

例如，就在写作本书期间，为了回应优步的颠覆，数家旧金山的出租车公司采用了一个名叫Flywheel的手机应用，支持用户通过手机应用叫出租车，但是没有手机支付、评分等功能。可以说，出租车公司原有的商业模型没有改变，但是已经升级了运营模式，该运

第6章 转化梯队

营模式借鉴了优步最吸引人的特征,同时弱化了优步的攻击。

(2)优化。鉴于企业在短期内无法与市场的新价值主张匹配,企业别无选择,唯有降价。为了保证利润及可操作性,企业只能压缩基础模型的成本,这正是产能梯队的专家可以通过六西格玛、六大杠杆来实现的。企业必须迅速做出反应及决策,这虽然不太难,但总归不太愉快。因此,企业的CEO必须同时承担推动者及督促者的角色,保证企业及时做出抉择并执行。

(3)差异化。这耗时较长,通常是很长。企业在通过弱化修正了运营模式,通过优化重组了基础模型后,为未来赢得了喘息的时间,并且是还不算短的时间。企业这个时候必须通过差异化的策略恢复商业模型的元气,为未来的稳定打下基础。企业的旧商业模型属于市场上受攻击的靶子,对手对它的运作了如指掌,并知道如何对它实施攻击。所以,企业必须对自己进行革新,为自己创造一番新天地。

革新的核心是重申企业的价值主张，哪怕你正在对它进行革命性改变。如果你能把你的公司与客户的未来需求及利益调整到一致，客户还是愿意继续选择你，故你依然有时间进行变革，而不必马上更换企业原来的商业模型。实际上，还有大量的客户愿意沿用你原来的商业模型。但你必须稳定地"进化"到新的模型，而且必须在一开始就明确"进化"的目标。

IBM的前首席执行官郭士纳是此中高手，当他掌舵时，IBM的主营商业模型濒临死亡，虽然如此，很多人还是愿意继续信赖IBM，但需要看到一个截然不同的未来。IBM的旧业务主要是通过信息系统提高企业的产能，郭士纳并没有改变这一点，但改变了业务模型，把业务重心从硬件服务转移到软件服务。此改变给IBM赢得了20年的成功。现在到了要彻底转型的时候，虽说不容易，但至少已经积累了转型的履历。

第6章 转化梯队

错误及纠正

当一个CEO步履蹒跚地开展一项转化时,经常会犯以下常见的错误。

- 同时部署两项或两项以上转化。此类错误往往发生在梯次进攻时,原因是孵化梯队同时有两项或以上业务需要规模化。企业的高层深知转化的成功概率,为了不把所有鸡蛋放在一个篮子里,选择了同时部署多项转化;此外,企业的雇主价值主张普遍致力于"下一件大事",所以CEO也迎合该主张,允许同时部署多项转化。
- 授权下属开展梯次进攻。转化的任务是在原有的业绩矩阵上建立全新的行,这必然会改变企业的原有架构。不管从投入的规模,还是卷入资源的宽度、所承担的风险程度而言,都需要CEO来支撑业务的开展。实际上,成功的转化也是一个

CEO 在任期内的标志性成就,所以转化应该压倒一切。授权任何一个人去负责转化都意味着企业只会将颠覆性创新"吸收"到原来的业务中。如果该方法行得通,本作战手册将毫无意义。

- 授权下属开展梯次防御。防御的挑战在于协调其他三个梯队协同作战,抵御颠覆者,包括协同孵化梯队的新技术弱化对手的攻击;协同产能梯队优化现行模型;协同转化梯队提供差异化服务和产品。整个企业的各个梯队本身是独立作战的,只有 CEO 具备统领全局的能力。如果将控制权放在产能梯队,它只能把优化做到极致,然后带来长期、缓慢的下降,直至被湮没。

- 企图同时在转化梯队展开防御和进攻。企业不能同时扮演颠覆者和被颠覆者的角色。或者说,企业不可能在一个被颠覆的领域中找到颠覆性的出路。同时开展防御和进攻会令企业及合作伙伴压力过大。如果企业可以选择成为颠覆者或被颠覆者，一定要选择后者，先稳住阵脚，再部署进攻。
- 优先次序混乱。优先次序的混乱很常见，企业难免会碰到。但转化永远不应该被搁置，时间是最宝贵的资源，紧接着才是人才和管理。转化梯队的提案永远都应该优先于其他三个梯队的提案。
- 高层的目标不一致。该错误指的是一个或多个高级管理人员选择不进入战斗状态，而是将资源直接投入有利润的业务，造成了转化的资源紧缺，并为最终的失败埋下伏笔；更有甚者，还为自己被动的消极响应开脱，"我早说过……"这种目标不一致必须尽早、迅速、彻底地消除。

小　　结

转化梯队是CEO负责的梯队。进攻时，转化梯队是企业新维度起飞的跳板，一如云计算助力亚马逊、智能手机与音乐助力苹果公司、皮克斯助力迪士尼、《黑道家族》助力美国家庭影院频道（HBO）、普锐斯助力丰田。防御是转化梯队为企业的旧业务赢得喘息的机会，一如无线技术挽救了威瑞森、软件服务挽救了Adobe、TurboTax挽救了美国财务公司Intuit、WebLogic挽救了BEA、在线内容管理技术挽救了Documentum。

《创新者的窘境》一书已经出版20年了，我们应该认识到书中所述依然是常态，但现在是时候停止扼腕叹息并有所动作了。这便是转化梯队的任务。若要成功，CEO不应该墨守成规，遵循老式管理智慧，而是应该拥抱以下原则。

（1）转化比营收更加重要。如果企业的业务没有受到颠覆，或者企业还处在优势地位，业绩是重点。如果上述两者都处在不确定的位置，不管是由于你想在新兴领域大展拳脚，还是由于其他企业准备蚕食你的业务，企业的未来都会充满风险，此时企业必须明确首要目标——转化。

（2）同时开展两个转化，不可能成功。企业不可能同时有两个"首要"任务，只能有一个。如果已有一项可以颠覆整个企业的转化，再加一项是非常愚蠢的——这不是在降低风险，而是在确保失败。

（3）为了完成某项转化，企业的所有领导者和职能部门必须在同一时期将它当成"首要"任务。这是关于一致性和运营节奏。在一条船上，如果有人在错误的时间往错误的方向用力划，将威胁到整条船。如果那个人是个领导者，还将传递出"一致性是非强制性的"信号。实际上，在颠覆时期，一致性必须是强制性的。

如果企业明确上述三点，成功的转化指日可待。

第 7 章

部署梯队管理

ZONE TO WIN

第7章 部署梯队管理

高尔夫教练会告诉新学员，装备意味着所有；部署其他新事物道理也是一样。本章将简要阐述如何在企业年度计划中开展梯队的一系列安排。

（1）梯队化企业。企业内的每个机构，甚至每个主要项目，都必须确定其所属的梯队，且是唯一的梯队。梯队的定义是实体与企业之间的契约，遵循四大范式：业绩、产能、孵化、转化。梯队必须明确，机构与实体之间的契约方能清晰。必须选择一个梯队。

即便如此，各个机构仍可以自由地安排其经费的支出，亦可以在其管辖范围内部署梯队管理，制定机构与个人的契约。例如，我的团队主要的工作是实现业绩目标,但我可能会安排某些人负责孵化未来的产品,或者安排某些人开发提高产能的工具。但是我不需要向企业展示这些复杂的安排,因为在企业看来,我只是一个单独的梯队,执行该梯队规则。

(2)锁定业绩矩阵。在一开始便确定业绩矩阵的结构非常重要,这是每个既存企业的基石。业绩矩阵上的每一行都必须负责企业10%以上的订单或营收。同样地,业绩矩阵上每一列都必须负责10%以上的销售。每一行及每一列都必须有独立的负责人,该负责人必须对该行或列的总营收负责。所有行的营收由生产部门负责,所有列的收入由销售部门负责。首席执行官和首席财务官对总营收负责。

企业的预算分配由首席执行官、首席财务官、产品负责人及销售负责人开始。他们首先公布一份业绩矩阵的"报价单",其包含了总收入和子项目收入的具体数字。行与列负责人随后进行多次会晤,为每个单元格安排业绩指标；然后根据业绩指标决定资源的分配，包括职员人数、直接运营费用、可控的间接费用。

在此情况下，矩阵负责人所"要求"的资源与公司高层所"限制"的资源之间，将存在着分歧。如果为业绩梯队增加资源、为产能梯队增加预算、重新调整营收目标，或者在现有资源中寻找创新途径实现现有的目标等，都可以抹平上述分歧。不用说大家都知道，总会有很多讨价还价的办法，正如年度计划中的其他事项一样。但梯队管理有着不同的地方：一旦讨价还价结束，一切都尘埃落定的时候，所有目标和资源分配都直接反映到业绩矩阵的每个单元格上，而所有相应的行和列负责人必须为此负责。

上述配置的产出不容低估，不仅仅是由于业绩梯队的责任直接到人，还由于支持产出结果的间接项目可以获得间接经费的资助。业绩矩阵的结果用直观的红／黄／绿商业仪表盘显示，可清晰地展示每个季度的业绩，还可用于绩效系统的业绩基础。计划越缜密，运作越顺畅。

（3）激活产能梯队。所有成本中心都必须持续对抗成本的增长，而年度计划制订过程是开始的地方，它是预算的零起点所在。所以，企业的第一法则应该是建立一系列组织机构，让所有间接支出额度可控，且由专人负责。在此构念原则下，每个机构都应该代表其他机构，明确将要执行的项目，并与项目消费者商讨预期产出和所需的资金。因此，项目消费者对可控的间接支出有着强大的支配权，同时，对于项目供应者进行费用抵消的记账。

一旦项目预算确定，其他事情便顺理成章了。有些预算会进入企业的遵从性原则，更多是用来建立和维持企业体系的运转。但还是需要控制增长，必须制定一个年度目标，应用六西格玛、六大杠杆的原则，重构企业的体系，同时保证效率和效果。这可以确保产能项目的资金全部花在产能梯队内部。其管理目标是应用杠杆技术、经验和创新实现低投入和高产出。该目标切实可行，如果所有项目都能确保资金的专项专用。只有当企业减

第7章 部署梯队管理

少预算却想着无所谓的时候，它才会碰上麻烦。更坏的是，如果不顾一切简单粗暴地一刀切所有预算，你将失去领导力。

（4）对孵化梯队进行隔离。制订年度计划的时候，尚未能为孵化梯队的每个具体运营单元制订独立的预算方案。资金的投入节奏应该根据研发的进阶而制定，而不是根据时间制定。制订年度计划时，CEO 和 CFO 在充分了解管理高层的意见后，应该明确孵化梯队的投资规模，其风险投资管理的团队决策一旦确定后，关于孵化梯队的规划将不再提上议程。

（5）确定转化梯队的状态，并采取相应的行动。年度计划的制订往往是从战略讨论开始的，但这种讨论对于第三期投资注资期而言，是浪费时间。因为第三期的管理隶属于风险投资部门，不属于执行团队。和执行团队讨论第二期的战略才是正确的。

上述讨论只需要确认转化梯队在未来一年的状态，即非活动状态（目前无须卷入颠覆）、主动状态（为抓住下一波浪潮积极进攻）、被动状态（防御被下一波浪潮颠覆）。根据不同状态所制订的年度计划将完全不一样，所以，不容置疑，年度计划中必然要确定其唯一的状态。

根据其状态的不同，企业应该执行以下操作。

- 非活动状态：如果目前没有转化操作，则简单地沿用业绩梯队和产能梯队的操作，直至其终止。千万别让颠覆性创新的回报诱惑了你。维持非创新状态是利润最大化的做法。
- 主动状态：在转化梯队组织和发动进攻，应该执行以下步骤。
    - 在业绩矩阵上增加全新的业务线，并指派负责该业务的高级经理为行负责人。
    - 为矩阵上的每个单元格制定业绩要求，该要求应该由 CEO 亲自制定。
    - 确定必要的人员、操作成本、可控性非直接支出。
    - 投入上述成本，并确认专款专用。

第7章 部署梯队管理

- ○ 减少孵化梯队的投入，迫使一些项目退出。
- 被动状态：为了在转化梯队有效地实施防御，应该执行以下操作。
  - ○ 明确业绩矩阵上被直接颠覆的行，取消其业绩考核。
  - ○ 为目标商机设定一个中立目标，但要尽快投放初始市场。
  - ○ 在人员配置、运营费用、可控的间接支持项目方面投入恰当的资源，并确保专款专用。
  - ○ 基于上述情况，重设业绩矩阵目标行的业绩指标。
  - ○ 保持业绩要求，迭代首先发生在业绩矩阵的其他部分，然后是产能梯队。
  - ○ 减少孵化梯队的投入。

小　　结

本章的目的在于精炼作战手册，以规则的形式提炼出清晰的计划。哪怕在变化中的世界，该计划也是极具价值的。它帮助明确目标，同时保证每一步都朝着目标推进。我们都需要计划，而本章提供的框架有望提供制订计划的基础。

最后，为了进一步阐明上述计划的价值并结束本书，下一章将以两个伟大的公司（Salesforce及微软）为例，描述其近年来四个梯队的框架。前者部署进攻，后者部署防御。

第 8 章
Salesforce 与微软的梯队策略

第 8 章　Salesforce 与微软的梯队策略

上一章描述了理想的梯次管理规则，它来自过去数年间一小部分客户的案例，其中两个最著名的案例是 Salesforce 和微软。Salesforce 的梯队管理由马克·贝尼奥夫主导；微软的案例由副总裁陆奇主导，陆奇负责管理应用及服务团队，包括 Office、SharePoint、Outlook 等，他所主导的工作获得 CEO 萨提亚·纳德拉的强力支持。两家企业通过自己的方式采纳了梯队管理的方法，Salesforce 用它来扮演颠覆者，微软用它来扮演被颠覆者。两家企业很好地演绎了本书前面的内容，现在我们一起回顾一下它们的表现。

梯次增长 —————— ZONE TO WIN

梯次进攻：Salesforce 的案例

2013 年的春天，我在撰写《跨越鸿沟》第 3 版的时候，有幸与马克·贝尼奥夫再次取得联系。因为该书需要更新一些新世纪的案例，我觉得最合适的案例莫过于 Salesforce。在完成该书的讨论后，马克问起我近段时间的主要工作，我告知他我的新书《换轨策略：再创高成长的新五力分析》，马克说可以应用到 Salesforce 中，我当时心存怀疑。该书介绍的是，已在市场确立地位的企业如何抓住下一波浪潮，或如何被下一波浪潮抛弃。这都与 Salesforce 不相关。

不管怎么样，马克表示 Salesforce 也有自己的问题，在数次接触后，我同意访谈马克的直接下属，并在他们下一次开会的时候做一次现场讲解。后来，访谈的人员越来越多，最后竟然达到 38 人之多，其中包括三个董事会成员，还有来自麦肯锡与埃森哲的两名第三方顾问。原本计划的现场讲解最后变成了一个大型演讲，企业的

第 8 章　Salesforce 与微软的梯队策略

高管团队也远程参与了。此次演讲非常受欢迎,直接促成了我与该团队随后三年的合作。如下便是一些亮点的地方。

初始状态

"在 Salesforce,我们从未发展到稳定,一直在高速发展。"这是一名员工的总结。而另一名员工说:"我们介乎于初创企业与成功企业之间,还在学习如何控制节奏。"这便是我们喜欢称之为"高级的"问题,但确实是个问题。下面,我用"四个梯队"框架作为放大镜,详细阐述。

业绩梯队。它有一个勉强凑合的业绩矩阵,表现最好的是 Sales Cloud 与 Service Cloud 的交叉点,即商务业务单元(CBU)的销售渠道。即便如此,负责这两个云的行负责人还是叫苦连天。有一位行负责人估计,完成一次端对端的流程,需要签署多达 27 个协议。大家称之为"菊花链"(daisy chain),而一位深谙此道的老手提出了唯一的解决方案:"在这个公司,最简单的办法就是找到合适的人,而不是相应的组织或章程。我靠自己的关系网,每次都能找到说得上话的人。"

在业绩梯队,所有的开发资源对开发负责,所有的市场资源对营销负责,而行负责人除了产品经理,别无其他资源。在这样的结构下,如果行负责人拥有财政支配权,事情还有可能能成,正如微软一样,但在Salesforce,行负责人不具备这个权限。这便意味着,行负责人面临的可能是阳奉阴违的局面。

然而,列负责人也好不到哪里去,尤其是在出差到所负责的区域的时候。销售、专业服务、客户支持、现场营销都只对上负责。正如一名区域销售高管所言:"我们无法很好地与职能部门或业务部门打交道。一切都井井有条,一切都是业绩驱动。我甚至无法决策任何事情,我感觉自己像个销售经理而不是总经理。"不管怎么样,当年利润额还是增长了33%,也就是说有些事情还是对的。

产能梯队。该梯队的挑战来自高速增长,因为高增

第8章 Salesforce 与微软的梯队策略

长往往过度倚重项目，扭曲了项目–系统的比例。关于项目，营销工作的实质是利用代理模式，尝试紧紧抓住一些事情；而同时，销售需要潜在客户开发系统以便全面覆盖。技术运营坚持把风险控制在它能承受的水平，拒绝其他改变；这对于产品团队而言很麻烦，它们希望缩短产品的更新周期。数据中心的作用是定制标准，这需要专家的支持，但这不容易规模化，或者成本过高。人力资源部应该招募优秀员工，并意识到这是公司的魅力所在，也是公司最宝贵的财富，但这一切在总部以外得不到很好执行。也就是说，任何系统级别的需求，只能靠项目来满足（最大的例外来自Dreamforce，很多人将它当成全世界最大的打了激素的项目，实际上它是一个完整的项目，每年都有惊人的产出）。

孵化梯队。这个梯队处在混沌状态，但是这也是值得期待的方式。最大的问题是：很多小尝试都在孵化，但看起来不像能规模化。业绩梯队的高管会大放厥词，抱怨他们所需的大好资源被孵化梯队的新手白白浪费掉了。这是典型的创新者困境问题，一名技术高管总结得非常到位，"对于每个并购的项目，刚开始我们都善于让其独立运作，后来，要么过早地把它归附于核心业务，要么任其自生自灭，低估其潜能"（如果这听起来很陌生，证明你对这方面不够了解）。

第一个问题，这些并购项目一度被认为是"下一件大事"，后来一旦明确它不是，将不知道如何处理它。由于没有善后措施，只能求助于马克。这明显不对劲，应该有更加合理的方案来处理此类事件，但目前还无法做到。

另一个问题，周期的不匹配。每个新企业都希望可以在很短的周期内（例如一两周）获得成效，但客户不是这样想的。Salesforce差不多每四个月更新一次主要的云服务产品，对于企业而言，这是前所未有的速度，但对于孵化梯队而言速度太慢。此外，只要某个孵化项目可以自主运营，就会继续独立运营下去，但其目标是最后可以整合，可惜没有系统或者项目可以做到令其整合。

转化梯队。非常讽刺，这是经营得最好的梯队。马

第 8 章 Salesforce 与微软的梯队策略

克负责转化梯队,这是世界顶尖的配置。他具备足够的个人魅力让很多人跟着他完成看起来不可能的任务;他具备敏锐的市场触觉,且对技术有强大的感知能力,懂得在合适的时间选择合适的技术进入市场。

当年,他所负责的转化名为"Salesforce 1"——围绕社交网络和移动设备重组核心应用。为了按时完成新产品,当时业绩梯队做出了巨大的牺牲,优先把资源投入新转化的项目。但这也是企业大放异彩的时候,整个高管团队齐心协力,完成了该任务。老实说,我从来没有见过企业可以这样。

变化

Salesforce 在短时间内发生很多重大变化,彼时我并不在场。自我上次演讲后,我一直忙于其他事务,直到 2013 年的秋天马克再次与我取得联系。他认为,我之前演讲的内容可能起了很大作用,如果能回来实地检验一下,可能会发现有价值的东西。所以,我推掉了一些

梯次增长 ———— ZONE TO WIN

约定的工作,与 Salesforce 的 27 名高管展开访谈,他们中很多人是第二次面谈了。大概一年以后,我给其他高管团队解读了我对 Salesforce 的认识,同样地,以四个梯队的框架呈现。

业绩梯队。就在我第一次给 Salesforce 做演讲后的数天,基思·布洛克加入了 Salesforce,成为总裁及董事会副主席,全面负责面向客户的服务。基本上,他与产品经理亚力克斯·达永一道,重新部署了结构更加优化的业绩矩阵。现在,Salesforce 的业绩矩阵上有四个独立的行负责人,分别负责销售云、服务云、营销云、平台四大主营业务线;同时具有代表营收的独立列负责人,负责三大梯队和主要销售渠道(广告和企业)。行负责人被赋予高级经理(GM)权限,列负责人则为梯队负责人,每季度汇报业绩;对于他们所负责的行和列,其拥有的权限不容置疑。

此外,业绩矩阵上有两个次级行,分别是社群与分析;同时还有两个次级别,分别为亚太和日本。我之前一直很关注的业绩矩阵上没有次级行和列的问题,已经

第 8 章　Salesforce 与微软的梯队策略

证明被处理掉,表明未遵循 10% 模型不成为障碍,尚可以适度完成。次级行和列通过各种数据争夺关注,但企业文化中依然具备合作精神,只要走在正确的道路上,其他人倾向于提供帮助。

另外,单元格层面责任不够明确。次级的总营收获得关注,但没人关注营收结果的具体来源。在高速增长的品类中,这样做没有问题,因为新兴领域经常以不可预见的速度增长,过于具体化反而绑手绑脚。但在成熟的品类中,例如销售云、服务云,关注单元格层面的责任显得越来越重要。

产能梯队。同样地,新聘高管带来新气象。琳恩·沃伊沃奇执掌营销,她的团队采用了潜在客户开发系统。兰迪·克恩斯之前负责微软 Azure 数据中心,加盟 Salesforce 后倡导采用与微软相同的数据标准。来自 Autodesk 的马克·霍金斯被聘为首席财务官,他与来自 Expedia 的伯克·诺顿一道,负责日常管理职能,同样着力于系统。

上述改变让系统在 Salesforce 开始获得应有的关注。

梯次增长 ———— ZONE TO WIN

  这不会导致大家对项目的热情，仅仅是确认系统与项目都有自己的位置，而不是对方的替代品。

  在平衡系统和项目过程中，两大因素作用最大——商业模式及增长率。在成熟品类的业务线中，其 B2C 运营模式最好倾向于系统；相反，在新兴品类的竞争中，其 B2B 复杂体系商业模式最好倾向于项目。项目可以集中力量，在某个特定的时间节点调整运营的进程和实践。在新兴领域，较之系统，项目更容易满足频繁的改变及有特殊需求的重要客户。Salesforce 擅长此道。

  孵化梯队。该梯队发生了最重大改变。马克采纳了以下概念：如果某项孵化无法转化成业绩矩阵上的行，它依然可以通过整合到现有业务线的方式，做出其应有的贡献。故此，Data.com 纳入了销售云，Pardot 也一样，Pardot 之前是被 ExactTarget ⊖ 并购，后来才被 Salesforce 收购。而 Desk.com，原本收购回来用于竞争低端的服务

⊖ ExactTarget 首先收购了 Pardot，后来 Salesforce 收购了 ExactTarget。——译者注

第 8 章 Salesforce 与微软的梯队策略

市场，现在已经并入服务云。而 BuddyMedia 和 Radian6 被纳入 ExactTarget，构建销售云的社交平台。除此之外，其他风险项目全部关停。这么做是为社群和分析产品腾出发展空间，因为收购了 RelateIQ。它们未来可能会成为业绩矩阵上的独立行，也可能通过其他方式退出，从这个角度来讲，它们依然是可孵化的。让我们拭目以待。

转化梯队。该梯队最大的改变是把营销云投入转化，并成功地规模化。在巩固新收购的三大资产时，马克聚合了足够的资源进行规模化，但各方是否可以清晰地固定成业绩矩阵上的独立行，销售团队是否可以吸收新的客户和产品？虽然目前还在进行中，但相信答案是肯定的。

在业绩行层面，高级经理斯科特·麦考克尔面临的挑战是，在销售云项目中部署四大梯队模型，同时兼顾业绩梯队的需求。为此，他必须整合、优化、利用基于独立结构（产能梯队）发展起来的社交媒体，加强目前的邮件营销业务（该业务尚处在成熟增长期，隶属于业绩梯队）；继续培育和促进JourneyBuilder（拳头产品，可释放自动化营销的威力，隶属于孵化梯队），并尝试将其规模化，同时满足业绩梯队目前的需求。

在列这一边，基思·布洛克及其团队需要面对的挑战是：在原ExactTarget的基础上，进一步扩大销售，释放业绩矩阵的全部力量。这意味着需要开发新的目标客户，即B2C企业的首席营销官；提供崭新的应用，需要越来越倚重整体操作而不是复杂的系统；提供全新的价值创造基础，更多关注效果而不是效率。客户一直都有这方面预算，这是比较乐观的情况，但新的产品能否获得这些预算的投入则充满挑战。

回顾过去一年，改变的速度和深度是马克及其团队做的最大的事。没错，四大梯队的框架方法是一个催化剂，但是至少还有其他三股力量一起作用，以下逐一详述，值得我们学习。

首先是Salesforce的V2MOM管理体系，它是愿景、价值、方法、障碍、措施的缩写。这套系统是马克和另一个

第 8 章 Salesforce 与微软的梯队策略

创始人帕克·哈里斯在公司创建时奠定的,后来成了企业执行成功的脊梁。整个 V2MOM 管理体系的核心是方法的纪律性:每个负责人都要确定来年一定能达成的目标。从马克本人开始做出承诺,接着是直接向马克汇报的高管团队做出承诺,分别承担部分任务,依此类推,高管团队下面的直接汇报人又承担部分任务。这样,在 Salesforce 每个人都有自己的 V2MOM,它们链接成最终指向 CEO 的任务。

为加强 V2MOM 的力度,每个人都列出自己的各种方法,在与同事及上司商议后,设置其优先次序。同样地,这也是从马克开始,他首先提供他个人的 V2MOM 初稿,供大家参考和批评。一旦他的方法和排序已经清晰,其他人即可根据马克的方法做出配合。这种优先次序运作得非常好,部分原因是其制定过程是开放的、可靠的和谦逊的(倒不是因为它的期望值,而是因为每个人都愿意付出),故相应地,结果也是卓越非凡的。

其次,Salesforce 的慷慨大度精神是另一种核心力量。这种精神在企业处处都有体现，但最具代表性的是其"1-1-1整体慈善体系"。在该体系中，Salesforce的1%股权、每年1%的产值、每年员工1%的时间都投入到慈善事业中。通过将慷慨大度精神纳入其核心结构，公司正在重新定义慈善事业的作用，但同样重要的是，它吸引并留住了真正关心企业并愿意服务的人。这种精神渗透在企业的每件事情当中，并可以取得事半功倍的效果，例如Dreamforce的案例一样，它可以同时鼓动成千上万的人同心协力完成一件事情。这也是Salesforce可以以目前的体量高速发展的原因。Salesforce将描绘出巨无霸企业的技术版图，也将会引导企业运算的未来方向。

最后，在强大的执行力及慷慨的精神外，企业的合作与竞争文化是Salesforce成功的第三大因素。前者为V2MOM清理障碍，后者加强了对结果的责任，即确保了V2MOM的指标。这有点类似团队活动，让Salesforce最后赢得了冠军。此类表现源于高层的声音，

第8章 Salesforce 与微软的梯队策略

如果高层都认可该价值观,那么整个组织都会跟进。如果我没有提及马克的联合创始人、产品策略及服务负责人——帕克·哈里斯,必然是我的失误。我从未接触过可以如此高度整合合作与竞争的人,与帕克及其团队一起工作是一种荣幸。

到头来,当我非常自豪梯队管理框架实实在在为企业的成功起到作用的时候,它依然仅仅是一个概念。没错,它可能会使企业更加聚焦要完成的工作,如何完成工作,但是它毕竟不能真正去完成它,完成任务还必须依赖团队。

梯次防御:微软的案例

正如梯次进攻所面临的各种挑战一样,梯次防御甚至面临更大的挑战。因为企业仍然需要面对管理三个投资注资期的挑战,仍然需要解决第二投资注资期的动态性，此外，企业的第一投资期正受到外部冲击。这一切都深深地影响到四大梯队管理的稳定性，企业必须迅速地做出调整。同时，站稳脚跟成为万里长征的第一步。在技术领域，说到受外部直接冲击，没有企业比得上微软。这也证明了微软的领导地位、微软的传统，也证明了它目前正在应对自如。

在 2012 年，我见到了陆奇，他当时是微软在线服务部的负责人，负责 MSN 和新上线的业务 Bing 搜索引擎。此后，我与他的团队有短暂的合作，因为他尝试在其管理的部门内部署四大梯队模型进行管理。通过陆奇，我认识了萨提亚·纳德拉，当时服务器与开发工具部的负责人，该部门当时正通过 Azure 引领微软的云计算业务。随后，萨提亚被任命为微软的 CEO，陆奇被任命为应用及服务组的副总裁，该组负责所有 Office 产品及服务，负责企业的第三大营收及主要利润。

他们俩给微软带来了新的领导风格。微软之前的管理体制侧重荣耀、讲究竞争，他们则倡导谦逊、开放合

第8章 Salesforce 与微软的梯队策略

作的精神。他们的所言所为都传递了新的声音：专注于客户服务，而不是扳倒竞争对手；将合作伙伴视为战略同盟，而不是战术上的踏脚石。这是必需的新气象，因为微软帝国的遗风口碑不太好。如果没有他人心甘情愿的帮助，转化任务是不可能完成的，如果不能首先考虑别人的利益，人家是不会愿意伸出援手的。新团队向外伸出了橄榄枝。

介绍完上述背景后，让我们再次将四大梯队作为显微镜，观察微软是如何进行防御的。

微软遇到的问题

业绩梯队。微软的业绩矩阵上是传统的三大核心业务，及 Windows 操作系统、Office 办公软件、后台应用及系统软件服务器套件。每项业务在新世纪的前 10 年都面临着正面的冲击。

- Windows 操作系统受到苹果公司及谷歌的冲击，

它们的智能手机操作系统 iOS 及 Android 用户量激增。同时，它们主宰了移动计算，将 Windows 排除在外。此外，由于越来越多消费者及商务场所采用了智能手机和平板设备，应用开发者抛弃了 Windows 平台，选择上述两个平台作为首选应用发布平台。史无前例地，微软的 Windows 不再是终端用户首选的客户-服务应用的操作系统，一切都说明微软在企业级信息系统中也遭遇了惨败。

- Office 办公软件受到谷歌 App 的直接冲击，主要表现在两个方面。在个人用户方面，谷歌提供免费的应用，靠广告和数据挖掘获得利益。在企业用户方面，谷歌的办公软件让 Office 腹背受敌，因为谷歌更加注重协同计算，而不是个人计算，即专注于团队协同工作，包括计划、设计、持续卷入的知识产权等，而不是专注于个人完成工作。这符合技术部门广泛认同的协同工作风格。值得一提的是，协同工作尤其适合教育行业和小型企业，谷歌 App

第 8 章　Salesforce 与微软的梯队策略

在这两个行业表现强劲，大有抛离 Office 之势。
- 本地化服务器。它是微软业绩矩阵上的老黄牛了，多年来一直稳定着微软在市场上的位置。但最近受到亚马逊云计算的冲击，即 Web 服务。Web 服务让整个 IT 行业都发生革命性改变，带来全新的业务模型（订购服务取代授权产品）、全新的运营模型（自主服务取代部署与维护）、全新的基础模型（自动化计算机场取代独立配置的计算机集群）。本地化服务器遭遇了天花板，其增长与其他两个产品一样，充满挑战。

综上所述，微软业绩矩阵上的行已经焦头烂额，而矩阵上的列情况也好不到哪里去。Windows 的 OEM 销售渠道一直都是微软的标兵，目前遭遇了麻烦，因为个人电脑转向了智能手机和平板电脑。随着戴尔的私有化，惠普剥离了其个人电脑和打印机业务，因为它们短时间内可能成为增长引擎。Office 短期内受到的挑战比较小，但也需要一个免费增值的市场策略与谷歌竞争,这对于微软来说是全新的事情。在云计算方面,微软的 Azure 表现出色,要求公司重新设计一整批企业授权协议。同时,微软过去 20 年的营收策略——每三年发布升级版的 Windows 和 Office,越来越不可行。总之,企业过去的精彩无以为继,但又未能找到替代品。

产能梯队。数十年来,微软是全球效率最高的企业之一。多年来,微软已经确立了其很好的效果,近年来一直都通过转化项目为系统来打磨效率。这让企业获得大量现金,向股东回报数十亿美元。一切都很好,直到企业的核心业务受到颠覆。现在企业需要利用项目来重组系统,为了企业的未来不受企业的过去所左右;坦白说,企业项目的肌肉已经开始萎缩。具体而言,产能梯队必然要面对如下挑战。

- 在消费者营销方面,抛弃过去品牌广告的外部强加法,从用户体验入手,采用病毒式参与内部组织法。

第8章 Salesforce 与微软的梯队策略

- 在企业营销方面,抛弃过去高捆绑水平、分层定价策略,采用基于使用需求的定价策略。
- 调整软件发布节奏,将以产品为中心的三年周期,调整为以服务为中心的六个月周期。
- 在开发和销售组织内应用六大杠杆,释放旧系统和过时授权内被困的人力资源。
- 重新调整在中国和印度的海外开发能力,抛弃过去基于任务的开发模型,调整为基于报价的开发模型,利用好全球人才,打开这两个充满潜力的新兴市场。
- 重振开发者生态系统,该系统曾经是全行业的翘楚,现已失守。

考虑到这些组织的体量以及巨大的惯性,为达成以上目标,产能梯队需要面临巨大的挑战。

孵化梯队。微软从来就不是一个孵化器。它的市场成功源于快速跟进策略,取代早期市场领导者。在

20世纪90年代初，Windows取代Macintosh进入图形市场；NT取代Novell进入局域网市场；Word取代WordPerfect进入文字处理市场；Excel取代Lotus进入电子表格市场；Internet Explorer取代Netscape进入浏览器市场。然而，随着企业规模的不断扩大，新业务线越来越难以与业绩矩阵上的大腕争取资源。成功如xBox，数十亿美元的生意，都无法真正给微软的规模带来实质性变化。

这类故事我们见得很多。施乐公司在帕洛阿尔托研究中心拥有一流的研发，但无法带来利润。柯达的Ditto，实际上发明了数码相机。英特尔的Ditto，研发了企业的拳头产品X86微型处理器，被CEO形容为石炭酸灌木，因为在它的覆盖下没有东西可以生长。在这种情况下，R&D会发展成什么样子？它会更具备未来主义幻想和想象力，仅仅为了求得更多生存空间，这样一来，它无法在短到中期内完成第二投资期的任务。到了这些产品亮相的时候，独立运营单元的最根本元素（企业级

第 8 章 Salesforce 与微软的梯队策略

别的高级经理)不可避免地会缺席。

由于上述原因,在过去十年,微软每次受到攻击的时候,都指望通过并购外部产品进行抵御。因此,它并购了 aQuantive 来对抗谷歌的数字广告,并购诺基亚对抗苹果公司和谷歌的移动设备。上述并购的产品最后都出现短板,成为让人心痛的不良资产。如果没有内部实体的帮助,企业无法将一个外部实体强加到当下的业绩矩阵上。并购和"联姻"可以规模化孵化项目,但不能取代孵化项目。微软需要为自己找到出路。

转化梯队。正如其他技术领域的巨头,在网络时代发迹获得全球市场,但在 21 世纪未曾成功转化任何项目,包括 IBM、思科、惠普、戴尔或者英特尔。它们过去不需要转化,但现在需要了。以下是它们 CEO 头疼的事情。

- 根深蒂固的陈旧经营权,不能也不愿意接受新形势,不能也不愿意做出牺牲。
- 满肚子怨言的客户,因为必须支付高额维护费,但又别无选择。
- 疲惫的伙伴生态系统,过去它们曾经因为严苛的价格谈判付出沉重的代价,现在只能在乏善可陈的市场增长中分得残羹剩饭。
- 无情的投资者在持续式微的基础上要求持续增长。
- 无奈的内部文化,充斥着权力、政治、犬儒主义,留不住最优秀的人才。

上述原因击败了第 1 章提及的 56 家企业,同时也是为什么防御比颠覆更加困难,貌似无计可施了。

请看看微软的案例,看看它是如何对未来充满信心的。

微软的防御

请回忆一下利用转化梯队进行防御的规则。企业的 CEO 围绕以下三点持续刺激整个企业:弱化攻击、优化、差异化。谈到刺激,新的刺激能源是必需的,所以微软需要全新的领导风格。萨提亚和他的团队深谙此道,详

第 8 章 Salesforce 与微软的梯队策略

述如下。

弱化攻击。从一开始,萨提亚便明确指出微软的两大首要任务:移动、云计算。这就是梯次防御所要求的"中立化"。用第一次世界大战的名将福煦元帅的话来解读:"苹果公司和谷歌在移动领域挤压我们,同时亚马逊和谷歌正在攻击我们的云计算领域,没错,我们正在受到袭击!"

在云计算战线,微软的 Azure 可以算是有所进步。Azure 之前由萨提亚主导,现在由他的副将斯科特·加斯里主导。亚马逊和谷歌目前领先很多,且都是消费者为先、面向开发者的经营模式,但同时也给微软打开了市场。大部分企业的首席信息官在未来 10 年将在云计算上投入大量的经费,他们更加愿意与熟悉的、面向企业的供应商打交道,因为更加熟悉供应商的体系、规则和安全问题。所以,微软虽然未来还有很多硬仗要打,但是目前的战略位置并不差。

相比之下,移动战线的情况更加恶劣。在短时间内,微软没有机会大规模占领设备市场。这意味着微软轻车熟路的 Windows 先行、Office 跟上的方式无效。因此，替代"移动优先、云优先"的策略是 Office 为侧翼先锋、应用与服务部门连环出击。这便是陆奇的策略。

在移动方面，在萨提亚被任命 CEO 之际，Office 发布了 iOS 和 Android 版本，并在应用市场上供用户免费下载。此举保证了在电脑上使用 Office 的专业人员可以使用移动设备访问 Office，即保证了微软与客户的联系。在云方面，陆奇将应用服务部门的首要任务设定为：尽快、尽量将 Office 用户转移到基于云计算的办公套装 Office365 上面。这符合很多企业首席信息官的需求，因为他们降低维护成本的压力很大，一直希望可以从桌面应用维护中解脱出来。云计算最美妙的地方在于：一次部署，任意地方都可以瞬间生效。

最后，陆奇和他的团队确定了第三个需要弱化的攻击，这是针对应用服务部门本身的，重点是抵御谷歌 App 对 Office 直接的攻击。如前文所述，谷歌对知识工

第 8 章 Salesforce 与微软的梯队策略

作者的生产力提高方法的中心是协同。这反映了工作结构和工作场所文化的双重改变。传统的 Word、Excel、Powerpoint 依然可以胜任无数工作，但同时需要与他人沟通、协同进行补充，所以，即时信息平台如 Skype、文件共享如 OneDrive、内容创造应用如 Sway、内容检索引用如 Delve、新用户交互模式如 OneNote，都是新形势下首要的推进任务，虽然旧产品依然是企业利润的主要来源。

新的领导团队在弱化攻击方面之所以有如此大的进展，是因为他们愿意谦恭而有力地面对现实。他们传递出非常清晰的信息："我们已经落后，我们需要奋起直追。这是客户对我们的期待，让我们完成它。我们也要明白，这需要付出代价。"当企业关注未来，短期内必然受到攻击，市场份额会遭到蚕食。微软不再是高高在上的市场领导者。微软的投资者明白目前的情况，并在一定程度上支持领导团队的新方向。这就是为什么梯次防御作战手册中还需要部署第二步——优化。

优化。这是微软防御体系中最弱的一环。过去，它的帝国遗产从不需要优化，但现在这个帝国角色由OEM厂家扮演，因为微软一直坚持从代工工厂赚取租金。此外，长期以来，微软重点通过系统提高生产力，这形成了惯性，在灵活性、敏捷性需求提出来的时候，它无法转变过来。可能最重要的是，微软的文化是关于资源的激烈竞争，其目标是保证手上的资源，并全力争取更多的资源。

因此，在短期内，优化的首要任务是裁员和剥离。微软曾经宣布，将会做出一系列艰难的抉择，锁定直接提高生产力这一核心目标，首先是工作，接着延伸到家庭。企业拥有吸引人的卖点，而回笼的资金则可以投入其他高增长的领域。这是第一步。

今天微软的成就都是遵循旧模式实现的，这是不可持续的。微软必须学会如何从现有的场景中提取资源，支持核心业务；必须学会因地制宜，放大项目在新的发展和投入市场活动中的效果。在原有的体系下，微软必须学会如何创新地利用六西格玛和六大杠杆的原则，不

第 8 章 Salesforce 与微软的梯队策略

是面对无法竞争的变化而委曲求全地学习新技术,而是锻炼出更加健康的体系,迎接新的挑战。前方的路很清晰,只需要投入更多的车辆进行运输。

差异化。相比在优化方面的挑战,微软孵化的前景从未像现在这么美好。应用服务部门目前兵强马壮。从 Bing 开始,应用服务部门的核心工作是打造一个可以抗衡谷歌的搜索引擎,经过严酷的弱化攻击、优化阶段,Bing 已经成为可以持续盈利的业务。更加重要的是,Bing 已经嵌入 Windows 操作系统中,此举给 Windows 提供的不仅仅是基于设备的检索能力,还是基于企业的检索能力;同时也给 Windows 带来了增值服务。更加重要的是,Bing 搜索引擎每日数百万的检索和返回结果,为微软的机器学习引擎提供了大量素材。这些机器学习引擎反过来又开发地图和算法,更好地理解、预测工作地图(可显示知识节点、知识贡献者)和世界地图(可显示智能道路、智能建筑、智能城市,甚至可以大胆说智能地球)。

这仅仅是 Bing 搜索引擎,还有 Sway、Planner、Delve、

Lockbox、Skype 和 Cortana。与微软过往的产品相比，上述产品战略性更强，从一开始就是移动先行、云计算先行，第一代实例显示可以完美融合到业绩矩阵。同时，机器学习的基础平台本身就是一种颠覆性的创新，它将从根本上改变整个行业效率软件的基础。将此结构整合到 Office 本身，使其跨平台可用，并向客户和第三方开发人员开放，微软可重新定义最终用户计算的格局。这的确是一个非常令人兴奋的时刻。

小　　结

现在需要给本书做个总结，让我们做一个回顾吧。第 1 章陈述了颠覆性创新对既存企业的影响，并呼吁我们关注它所带来的优先次序危机及其触发器。第 2 章介绍了梯队管理体系，以应对上述危机，它包含四大梯队：业绩梯队、产能梯队、孵化梯队、转化梯队。每个梯队

第 8 章 Salesforce 与微软的梯队策略

有其独特的方法、障碍和指标。该模型的本质是独立管理四个梯队,任何梯队都应该与其他三个梯队隔离。所以,第 3 章到第 6 章分别介绍了上述四个梯队的方法。第 7 章重点介绍了如何在制订年度计划时,根据四大梯队进行部署的过程。第 8 章引入 Salesforce 和微软的案例,阐释四大梯队模型。

所以,从本书出发,你应该去往何处?首先,你拥有的是一系列框架。该框架旨在描述被颠覆领域中企业的状态。问题是:如果你的业务正在被颠覆,这些模型对你目前的状况是否有帮助?如果答案是肯定的,那么,至少你应该让你的管理团队熟悉梯队管理,达成共识,面对未来的变化。如果该管理模式获得共鸣,则根据相关框架制订下一个年度计划,参考第 7 章的指导,并在来年通过季度回顾的方式跟踪其效果。对于任何企业而言,它所涉及的变量都远远比笔者预设的要多。在本书结束之际,我想说,我已经竭尽所能,提供最好的车辆,祝驾乘愉快。

致　　谢

本书的大量素材源于我的客户，他们对我的想法影响很大。本书最后一章中介绍的两家企业的案例尤为重要，因此，我不得不再次对马克·贝尼奥夫及陆奇对本书所做的贡献表示感谢。另外，我还从许多企业及团队中学习了很多经验，包括英特尔迈克菲团队的迈克·德切萨雷（Mike DeCesare）、Aruba 无线（现已被惠普收购）的柯万柯（Dominic Orr）和科尔蒂·梅尔克特及其管理团队、Equinix 的史蒂夫·史密斯（Steve Smith）和查尔斯·迈耶斯（Charles Meyers）及其团队、Cadence 的 Lip-Bu Tan 和 Qi Wang 及其团队、AVG 杀毒软件公司的加里·克威克斯（Gary Kovacs）及其团队、Docusign（一家电子签名公司）的基思·克拉赫（Keith Krach）及其团队、泰科（Tyco，全球最大的安防、消防公司）的

致　谢

乔治·奥利弗（George Oliver）和罗伯特·洛克（Robert Locke）及其团队。每次理论框架应用到实践时，前者总会得到修正与完善。在此，再次感谢以上为本书做出贡献的人。

另外需要提一下，在本书写作期间，我把每个章节都发布在我的领英博客上，得到了读者大量有价值的反馈，很多反馈对本书的定稿作用重大。因此，我要衷心感谢以下读者：Jonathan Dippert、Mike Frazzini、Don Sheppard、Anna Sidana、Patti Dock、Nicole France、Richard Jaenicke、Stephen Wood、George Gilbert、Rahul Abhyankar、Alistair Sim、Martin Carroll、Dennis O'Flynn、Les Trachtman、Somesh Bhagat、Dean Hager、Steven Webster、Robert Joynson、William Malek、Suresh Nirody、Fred Orensky、David Rader、Joel Polanco、Chris Schreiner、Ronny Max、Paul Hobcraft、John Steinert、Jan Dornbach、David Swan、Bud Michael、Hank Barnes、Ron Askeland、John Morris。在本书正式出版前，可以先获得读者反馈是件非常有意义的事，我非常乐于这么做。

最后，我想说，如果不是有幸获得这么多支持，本书将无法面世。在出版方面，我的老朋友、代理商 Jim Levine 再次给予了帮助，其 Levine Greenberg Rostan Literary Agency 的同事 Kerry Sparks 帮助我联系了 Mary Cummings 及其 Diversion 的团队，我想对你们大声说声"谢谢"。在写作方面，最初的支持来自合作伙伴 Mohr Davidow，作为投资伙伴，我开始了第一步；他们的一般合伙人和行政团队非常支持我流动性的工作方式。在行文方面，Pat Granger 帮助我管理"背景"内容，让我有时间专注"核心"内容。她在这方面做得比我好，可以说是做到了极致，她的团队还包括 Nanette Vidan-Peled、Roth Hensley、Jonathan Dippert、Donel Bozajeski、Rich Stimbra、Kim Atkins，在此一并谢过。

　　来自我家庭一贯的支持——我的妻子 Marie。我们即将迎来一个特殊的纪念日，我的女儿 Margaret 及其丈夫 Daniel、我的儿子 Michael、我的女儿 Anna 及其丈夫 Dave，还有家庭新成员——我的第一个孙儿 Noah，将一道庆祝。家庭让一切变得有价值，我的妻子一直主导着这个家庭，身为她的丈夫是种福分。